학력의 경제학

학력의 경제학

니시카와 준 지음 | **박현석** 옮김

사과나무

| 일러두기 |

1. 본문 각주는 옮긴이의 주입니다.
2. 본문 중의 화폐 단위는 엔화 그대로 표기했습니다. 1엔은 한화로 약 10.5원이고 (2016년 9월 현재), 대략 열배로 환산하면 이해하기 편합니다.

앞으로 몇 십 년 동안은 대변화의 시대가 될 것입니다.
우리 시대에 가치 있는 것이라고 인정받았던 많은 것들의
가치가 폭락할 것입니다.
그것은 학력에 관해서도 마찬가지입니다.

대졸보다 고졸이 유리해진다는 게 사실인가?

중위권 대학보다 실업계 고등학교를 나오는 편이
일자리가 더 좋은 경우도 많습니다.
"우리 아이는 어쨌든 대학은 나와야지"라는 생각,
앞으로의 시대에서는 통용되지 않습니다.
우리 아이의 능력을 냉정하게 판단해서
진학을 생각해야 합니다.

대졸자의 비정규직 고용이 늘어나고 있다?

대졸자의 실질적인 취업률은 60~70%라고 합니다.
대졸이지만 정규직이 되지 못하는 사람도 늘어나고 있습니다.
또한 설령 정규직이 되었다 할지라도
종신고용이 보장되는 경우는 줄어들고 있습니다.

대학을 졸업하자마자 500만 엔의 빚쟁이!?

과반수의 대학생이 학자금 대출을 이용하고 있지만
대출금 상환으로 고통받는 연체자는 약 33만 명에 이릅니다.
졸업한 시점에서 우리 아이가
500만 엔의 빚을 떠안게 되어도 상관없습니까?

그렇다면 장래를 보장하는 진로 선택은 어떻게 하면 좋을까?

이 책을 참고하여 자녀의 진로 선택을 부모가 도와줍시다.
학교의 진로 지도에만 맡겨두어서는 안 됩니다.
앞으로의 시대에서 살아남기 위한 선택은 어떤 것일까,
같이 생각해보기로 합니다!

머리말

대학 입학은 윤택한 생활로 가기 위한 보증수표입니까?

지금 우리의 교육제도에서는 메이지 유신, 제2차 세계대전 이후의 민주화와 같은 정도의 극심한 변화가 진행 중입니다.

2020년에 대학입시센터시험*이 폐지되고 새로운 테스트가 생겨나 대학입시 제도가 크게 바뀔 예정입니다. 주입식 교육으로는 감당할 수 없는 수험제도로 바뀔 것이 분명합니다.

* 우리나라의 수능에 해당함.

동시에 학교 교육도 말없이 선생님의 강의를 듣기만 하는 수업과는 결별하고 학생들끼리 대화과 토론을 통해 문제를 해결해 나가는, '학생이 능동적으로 배우는(액티브 러닝) 수업'으로 크게 변할 것입니다.

어째서 교육에 그처럼 커다란 변화가 일어나는 것일까요?

그것은 저출산 때문에 일본 경제가 눈에 띄게 침체되고 있고, 거기에 더해 글로벌화에 심각하게 뒤처지고 있기 때문입니다. 이대로는 일본이 더 이상 버텨낼 수 없기 때문입니다.

그와 동시에 저출산으로 국내 대학의 지위가 단번에 떨어져 편차치* 60인 대학을 나오는 것보다, 실업계 고등학교를 나와 '산학협약 취업'으로 취직하는 편이 훨씬 더 좋은 일자리에 취직할 수 있는 현상도 일어나고 있습니다. 대졸자의 실질적인 취업률은 60~70%이고, 게다가 정규직 사원으로 취직하지 못하는 사람도 늘어나고 있습니다.

에도 시대에 상층계급인 무사는 무사라는 신분을 지켜내기만 하면 됐습니다. 자신의 신분에 맞춰서 생활 패턴을 지켜나가기만 하면 하면 편안한 삶을 약속받았습니다. 어렸을 때 자신의 신분에 맞는 교육을 받다가, 곧 부모의 뒤를 이어 가

---

* 각 대학 · 학부의 합격선을 상대평가한 기준치.

문을 승계하면 그것으로 충분했습니다. 하지만 메이지 유신 이후로 특권계급으로서의 무사의 신분을 박탈당하고 말았습니다.

지금은 대부분의 부모들이 마치 에도 시대 때처럼 '중졸보다는 고졸, 고졸보다는 대졸, 어차피 같은 고등학교 · 대학교라면 점수가 높은 학교에 진학하는 것이 장래의 윤택한 생활을 보장한다'는 지극히 단순한 모델을 가지고 있습니다. 하지만 이제 그것은 착각입니다.

이 책은 그러한 모델이 지금 근본부터 무너지려 하고 있는 상황을 한시라도 빨리 부모와 일선 교사들에게 전달할 목적으로 쓰여졌습니다.

그럼 시작하겠습니다.

조에쓰 교육대학 교직대학원 교수

니시카와 준

차례

제2장

지금 '안전한 진학처'는 있는가?

/

제3장

상위권 대학은 이렇게 바뀐다

/

제4장

우리 아이를 살아남게 하기 위해서는

/

제5장

우리 아이를 지키기 위한 전략

/

제 1 장

'우리 아이는 어쨌든 대학은…'이라는 생각은 위험하다!

누구나 대학에 들어갈 수 있는 시대가 되었다!

2014년에 요요기제미나루*가 전국의 캠퍼스 70%를 폐쇄했습니다. 어째서일까요?

다른 대형 입시학원과 요요기제미나루의 차이점은 도쿄대학 등과 같은 상위권 대학뿐만 아니라 지원자가 많은 사립대학의 문과에도 초점을 맞췄다는 점입니다. 그런데 요즘에는 대학에 들어가기가 쉬워졌습니다. 특정 대학에 집착하지

---

* 도쿄 요요기를 본거지로 전국에 28개 지점을 가진 대형 입시전문학원. 캐치프레이즈는 '지원하는 학교가 모교가 된다.'

만 않는다면 추천 입학제, 입학사정관제로 합격할 수 있게 되었습니다. 그 때문에 재수생이 격감하게 되었습니다. 그 영향을 가장 크게 받은 것이 요요기제미나루였습니다.

교육사회학자인 마이타 도시히코(舞田敏彦) 씨가 문부과학성의 학교기초조사를 바탕으로 흥미로운 분석을 했습니다(http://tmaita77.blogspot.jp/2016/01/50.html). 그 방법은 단순합니다. 대학 입학자를 합격자 수로 잡습니다. 대학 입학 지원자 수에서 앞의 합격자를 뺀 숫자를 불합격자 수로 봅니다. 그리고 불합격자 수를 대학입학 지원자 수로 나누어 불합격률을 산출했습니다.

제1차 베이비붐 세대*의 대학수험 시기에 해당하는 1967년에는 43.5%, 제2차 베이비붐 세대인 1990년에는 44.5%가 불합격이었습니다. 그런데 그 후 불합격률은 계속 감소해서 1995년에는 25.2%, 2005년에는 13.6%, 2015년에는 불합격률이 겨우 6.7%가 되었습니다.

재수생을 대상으로 하고 있는 예비학교의 경영이 어려워진 것도 당연한 결과라고 할 수 있겠습니다.

합격은 쉬워졌습니다. 그래도 대학에 다니려면 돈은 듭니

---

* 1947~1949년에 출생한 세대.

다.

제가 학생이었던 시절에는 부모님께서 보내주신 돈으로 낭만적인 대학생활을 즐기곤 했습니다.

하지만 요즘의 학생들은 등록금을 대출받고 교통비, 의류비, 식비를 줄이고 그것도 모자라 생활을 위해 아르바이트를 하고 있습니다. 대학생활의 의미가 완전히 바뀌어버리기 시작한 것입니다.

대학 진학은 괜찮은 투자일까요?

대학 4년 동안 돈이 얼마나 들까요? 이에 관한 추계(推計)는 아주 많습니다. 예를 들어 2014년도 「자녀의 교육비 조사」(문부과학성, 20쪽 참조)에 의하면 유치원에서 고등학교까지 공립만 다닌다면 15년 동안 약 527만 엔, 연평균 약 35만 엔이 듭니다.

대부분의 사람들이 자녀를 공립 고등학교에서 공부시킬 것이라고 생각되지만, 대학은 사립에 진학시키는 사람도 많을 것입니다. 그러면 대학의 경우 국립대는 4년 동안 약 458

만 엔, 사립대 문과는 4년 동안 약 676만 엔, 사립대 이과는 4년 동안 약 818만 엔이 듭니다. 단위가 다릅니다(2015년도 「교육비 부담 실태조사 결과」, 일본 정책금융공고, 21쪽 참조).

그렇다면 돈을 빌려서라도 대학에 진학할 가치가 있을까요?

평생 동안 벌 수 있는 임금 총액은 학력에 따라서 달라집니다. 남성을 살펴보면 60세에 정년 퇴직금을 받고 그 후부터 평균적인 은퇴 연령까지 비정규직으로 일을 계속한 경우에 평생 임금 총액은 중졸이 2억 2000만 엔, 고졸이 2억 4000만 엔, 대학 · 대학원 졸업이 3억 1000만 엔입니다(「유스풀 노동통계 2015 노동통계가공지표집」, 노동정책연구 · 연수기구). 즉, 대학에 진학하느냐 진학하지 않느냐에 따라 총 임금에서 7000만 엔의 차이가 생깁니다. 따라서 사립대 이과 4년 동안 810만 엔을 투자해도 본전을 뽑을 수 있습니다. 아주 괜찮은 투자입니다.

그런데 부모 세대도 불경기로 경제적 여유가 없습니다. 그런 이유로 학자금 융자에 의지합니다. 집에서 통학하지 않는 학생에게 보내는 금액은 연간 약 125만 엔입니다. 부족한 금액을 메우기 위한 방법 중 첫 번째가 학자금 대출입니다. 두 번째는 교육비 이외의 지출을 줄이고, 그래도 부족한 금액은 본인이 아르바이트로 충당합니다(2015년도 「교육비 부담 실태 조사 결과」, 일본 정책금융공고).

지금의 부모 세대 가운데 대학진학 때 학자금을 빌린 사람은 그리 많지 않았습니다. 저도 빌리지 않았습니다. 적극적으로 빌린 것은 장래 교사가 되려 했던 동급생들이었습니다. 당시에는 졸업 후 교사가 되어 일정 기간 재직하면 상환이 면제되었습니다. 다시 말해서 빌리면 이득이 되었던 것입니다. 지금도 그런 생각을 가지고 계신 분도 적지 않으리라 여겨집니다. 하지만 현실은 다릅니다. 지금까지와의 생각과는 판이하게 다릅니다.

학교별 교육비 총액 추이

(엔)

구분	유치원		초등학교		중학교		고등학교(전일제)	
	공립	사립	공립	사립	공립	사립	공립	사립
교육비 총액	222,264	498,008	321,708	1,535,789	481,841	1,338,623	409,979	995,295
공립 · 사립 비율	1	2.2	1	4.8	1	2.8	1	2.4
총액 중 학교 교육비	119,175	319,619	59,228	885,639	128,964	1,022,397	242,692	740,144
구성비(%)	53.6	64.2	18.4	57.7	26.8	76.4	59.2	74.4
공립 · 사립 비율	1	2.7	1	15.0	1	7.9	1	3.0
총액 중 학교 급식비	19,382	36,836	43,176	46,089	38,422	4,154	–	–
구성비(%)	8.7	7.4	13.4	3.0	8.0	0.3	–	–
공립 · 사립 비율	1	1.9	1	1.1	1	0.1	–	–
총액 중 학교 외 활동비	83,707	141,553	219,304	604,061	314,455	312,072	167,287	255,151
구성비(%)	37.7	28.4	68.2	39.3	65.3	23.3	40.8	25.6
공립 · 사립 비율	1	1.7	1	2.8	1	1.0	1	1.5

(주) 1. 2014년도의 연간 액수임. (이하 표 모두 동일)
2. '공립 · 사립 비율'은 각급 학교별로 공립학교를 1로 한 경우의 비율임.

(참고) 학교 수와 유아 · 아동 · 학생 수 전체 가운데 사립이 차지하는 비율은 유치원(학교 수 : 63.1%, 원아 수 : 82.7%), 초등학교(학교 수 : 1.1%, 아동 수 : 1.2%), 중학교(학교 수 : 7.4%, 학생 수 : 7.0%), 고등학교(전일제) (학교 수 : 27.5%, 학생 수 : 32.0%)이고, 고등학교(전일제)의 학생은 본과생 가운데 사립이 차지하는 비율임. 한편 학교 수, 유아 · 아동 · 학생 수는 2014년도 학교기본조사 보고서에 의함.

출처 : 2014년도 「자녀의 교육비 조사」(문부과학성)

고등학교 졸업 후의 입학 유형별 졸업까지 필요한 입학 · 재학 비용
[자녀 1인당 비용 (연간 평균액의 누계)]

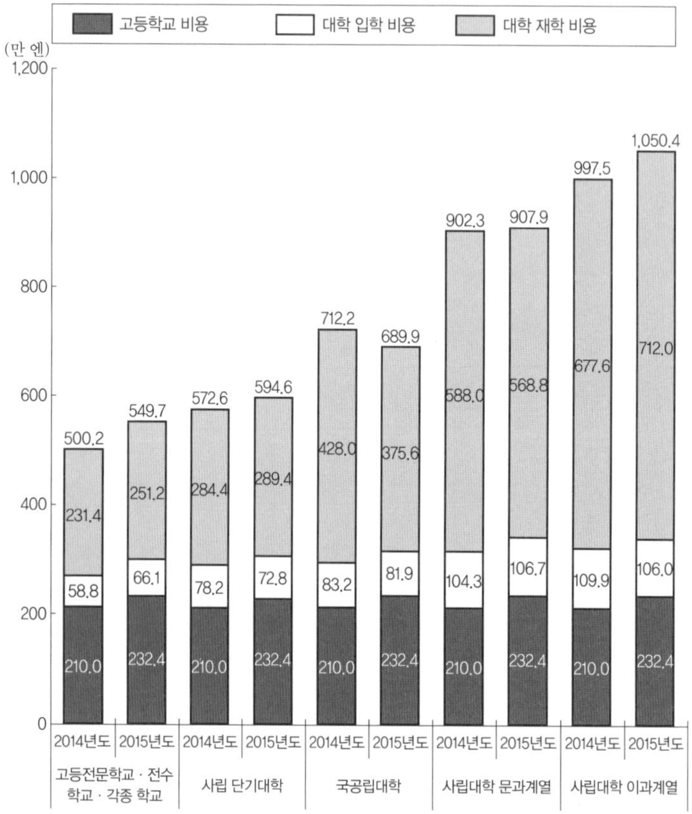

주 1 : 고교의 비용은 국공립 · 사립을 합친 전체의 평균임.
2 : 고교의 비용에는 입학 비용도 포함.
3 : 고등전문학교 · 전수학교 · 각종 학교, 사립 단기대학은 수업 연한을 2년으로 보고 산출했음.

출처 : 2015년도 「교육비 부담 실태조사 결과」 (일본 정책금융공고)

무시무시한 학자금 대출 실태

일본육영회 학자금 융자에 대해 여러분도 들어본 적이 있으리라 생각됩니다. 그렇다면 2004년에 일본육영회가 독립행정법인이 되어 일본학생지원기구(JASSO)가 되었는데 구체적으로 무엇이 바뀌었는지 알고 계십니까?

노동자 복지 중앙협의회에서 '학자금에 관한 설문 조사 결과'를 2016년에 발표한 바 있습니다. 그것을 통해서 대부분의 사람들이 지금의 일본학생지원기구와 그 학자금 대출 실태에 대해서 모른다는 사실이 밝혀졌습니다. 여러분도 다음

내용을 읽고 한번 생각해보시기 바랍니다.

- 설문: '대출자 수, 금액은 유이자(有利子) 쪽이 많다.' (즉, 빌린 금액보다 더 많은 금액을 갚아야 하는 사람이 많다.) → '알고 있다'라고 답변한 사람 44.6%
- 설문: '일본인에게 지급되는 학자금 융자는 대출형밖에 없다.' (즉, 일본인이 빌린 경우 대출 금액은 반드시 갚아야 한다.) → '알고 있다'라고 답변한 사람 39.5%
- 설문: '자택 등으로 전화 등의 독촉이 행해진다.' (즉, 사채처럼 독촉한다.) → '알고 있다'라고 답변한 사람 27.5%
- 설문: '3개월 이상 연체하면 블랙리스트에 오른다.' (즉, 신용카드도 만들지 못하고, 주택 구입자금 융자도 받지 못하게 된다.) → '알고 있다'라고 답변한 사람 23.5%
- 설문: '교원의 상환 면제 제도는 폐지되었다.' (예전에는 교원으로 채용되어 일정 기간 근무한 사람은 상환을 면제해 주었으나 1998년부터 폐지) → '알고 있다'라고 답변한 사람 16.0%

상환 중인 사람 약 362만 명 가운데 3개월 이상 연체한 사람은 약 17만 명입니다(2014년 기준). 다시 말해서 17만 명이

학자금 때문에 개인신용정보기관, 이른바 블랙리스트에 등록되어 있는 것입니다. 그리고 소송 건수는 2004년에 58건이었던 것이 2014년에는 5039건으로 증가했습니다. 참고로 현재 연체자에 대한 일본학생지원기구의 대응은 다음과 같습니다.

졸업과 동시에 500만 엔 이상의 빚을 떠안고 있다

학자금 대출의 연체가 발생한 경우 일본학생지원기구는 본인에게 전화로 독촉합니다.

연체 기간이 1개월 이상인 경우는 본인에게 독촉 문서를 보내고, 연대보증인에게 전화로 독촉합니다.

연체 기간이 2개월 이상인 경우에는 연대보증인에게 문서를 보냄과 동시에 연대보증인에게 전화로 독촉합니다.

연체 기간이 3개월 이상인 경우에는 개인신용정보기관에 등록됩니다. 이른바 블랙리스트에 기록되어 앞서 이야기한 것처럼 신용카드도 만들지 못하게 되고, 주택구입 자금 융자도 받을 수 없게 됩니다.

그 이상 연체가 계속되면 민간 채권회수업자에게 업무를 위탁합니다. 연체 기간이 9개월을 넘으면 법적 조치가 행해집니다. 예를 들면 본인, 혹은 연대보증인의 재산이 압류되는 경우도 있습니다.

이와 같은 실태를 알고 계셨습니까? 지금 일본학생지원기구는 과거 일본육영회였던 때의 이미지와는 상당히 다릅니다. 하지만 비난을 할 수도 없습니다. 일본학생지원기구의 대여금은 국민의 혈세입니다. 대여사업에 관한 예산은 2012년에 총액 1조 1000억 엔이었습니다.

그렇다면 학생들은 한 명당 대체 얼마 정도의 학자금을 빌릴까요? 유이자 학자금의 평균 대출액은 월 평균 7만 3000엔(2012년도 「일본학생지원기구(JASSO) 학자금 대출사업 개요」)입니다. 일본학생지원기구 홈페이지의 간단한 시뮬레이션으로 '유이자', '4년제 대학 진학', '대출금 월 8만 엔'(평균에 가깝기에), '입학 시 특별 증액 50만 엔', '기관보증제도를 이용하지 않음'으로 계산해보면 대출금 총액은 434만 엔입니다. 월 2만 4387엔(소수점 이하 버림)을 20년(240회) 동안 갚아나가면 상환금 총액은 585만 2976엔이 됩니다. 즉, 151만 2976엔의 이자가 붙는 것입니다. 생각보다 이자액이 큽니다. 그러나 상환 금액 월 2만 4000여 엔은 크게 부담스런 금액이 아닙니다. 그런데 어째서 연체자가 늘어나고 있는 것일까요? 그 답은 졸업 후의 취직 상황에 있습니다.

학력보다 취직이 문제입니다

앞서도 이야기한 것처럼 평생의 임금 총액은 학력에 따라서 달라집니다.

남성의 경우를 살펴보면 60세에 정년퇴직금을 받고 그 후부터 평균적인 은퇴 연령까지 비정규직으로 일을 계속하면 평생 임금 총액은 고졸이 2억 4000만 엔, 대학 · 대학원 졸업이 3억 1000만 엔입니다(「유스풀 노동통계, 2015 노동통계가공지표집」). 즉, 대학에 진학하느냐 진학하지 않느냐에 따라서 7000만 엔의 임금 차이가 생깁니다.

단, 이 통계에는 다음과 같은 표가 딸려 있습니다.

평생 임금(60세까지주), 퇴직금을 포함하지 않음, 2013년)

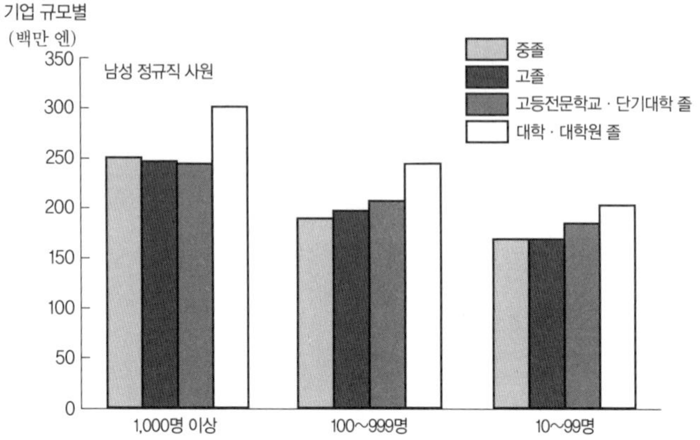

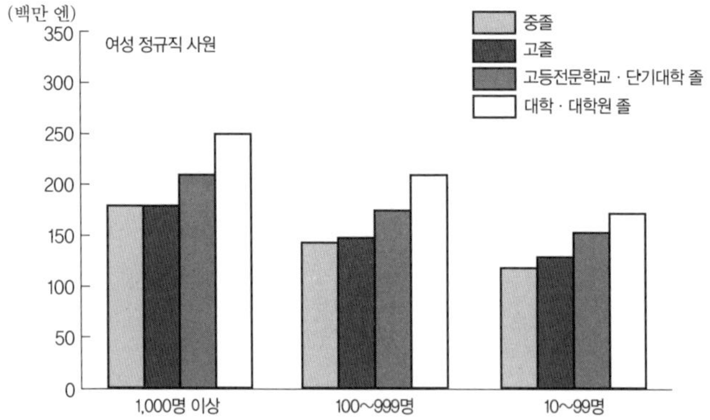

자료 : 후생노동성 「임금 구조 기초통계조사」

주 : 학교 졸업 후, 바로 취직해서 60세에 퇴직할 때까지 풀타임으로 정규직 사원으로 계속 근무한 경우(동일 기업 계속 취업에 한정하지 않음).

출처 : 노동정책연구 · 연수기구 「유스풀 노동통계 2015」 P.284에서.

이것을 보고 뭔가 깨달은 사실이 없으십니까?

사실은 종업원 수 1000명 이상인 기업에 취직한 고졸자가 100명 미만인 기업에 취직한 대졸자보다 평생 임금의 총액이 더 많습니다. 학력보다 중요한 것은 대기업에 취직하는 것입니다. 그보다 앞서 더 중요한 것은 정규직 사원으로 고용되는 것입니다.

지금은
'아버지가 떨어졌던 대학에 붙어
아버지를 우습게 여겼지만,
아버지는 합격했어도 입사하지 않았던 기업에
자녀는 합격하지 못해 실망하는 시대'가
되었습니다.

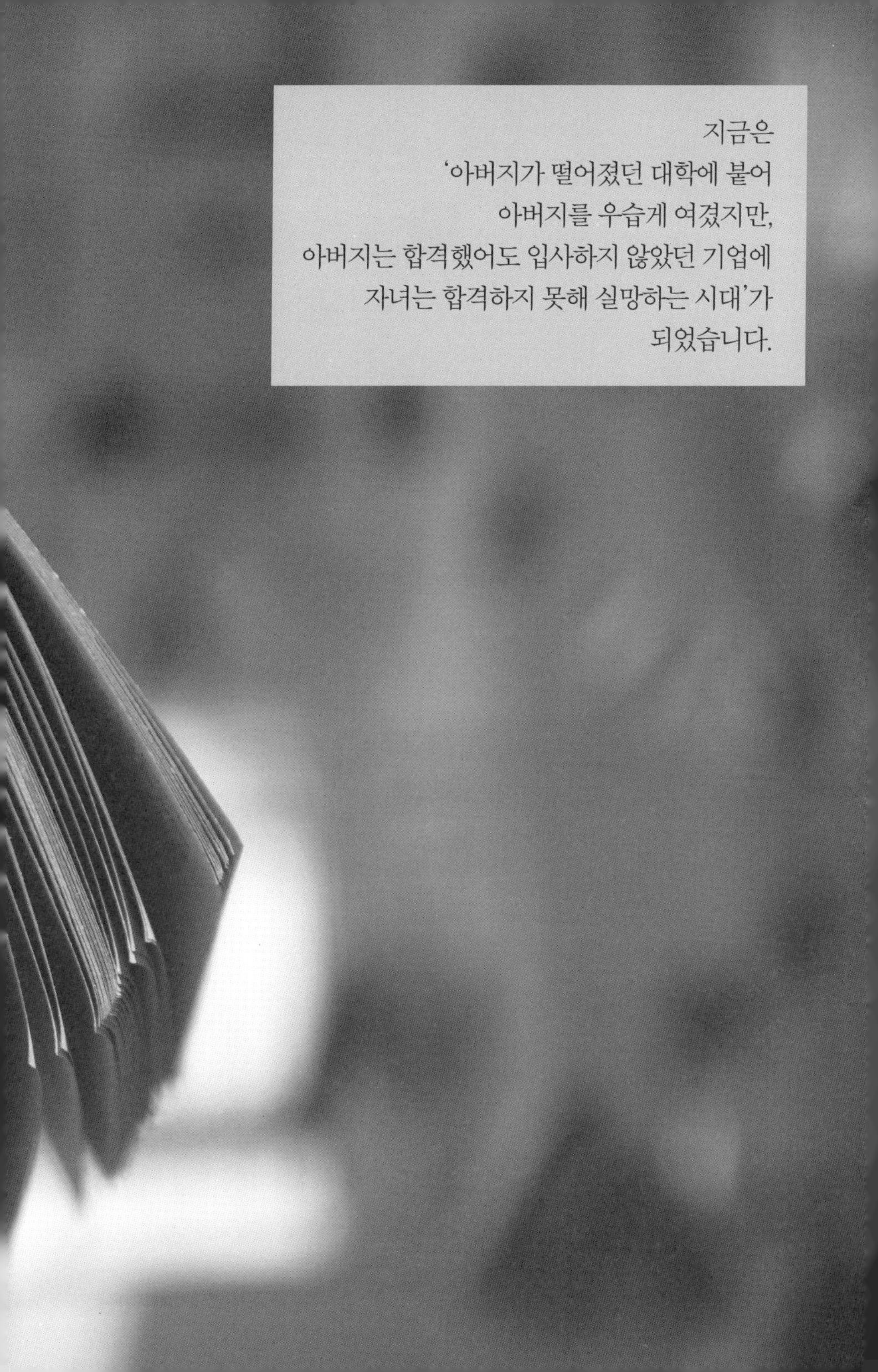

첫 직장을 얻은 사람 중 약 40%가 비정규직!

그런데 「2012년 취업구조 기초조사 결과의 개요」(총무성 통계국)에 의하면 2007년 10월부터 2012년 9월까지의 기간에 첫 직장을 얻은 사람의 약 40%가 비정규직 고용이었습니다. 그리고 이 조사는 매해 반복적으로 실시되고 있는데 이 비정규직 고용의 비율이 해마다 1% 정도 상승하고 있습니다. 또한 정규직으로 고용된 사람들도 5년 후에는 30%가 그 직장을 떠납니다. 비정규직에서는 5년 후에는 44%의 사람들이 직장을 떠납니다.

이 데이터를 처음 봤을 때 저는 제 눈을 의심했습니다. 제 머릿속에서 일본인은 특별히 욕심을 부리지 않는 한 나름대로 직업을 얻어, 평범한 생활을 즐기는 것이 당연하며, 그것이 일반적이라고 생각하고 있었던 것입니다. 하지만 현실은 다릅니다.

지금은 '아버지가 떨어졌던 대학에 붙어 아버지를 우습게 여겼지만, 아버지는 합격했어도 입사하지 않았던 기업에 자녀는 합격하지 못해 실망하는 시대'가 되었습니다.

의심이 든다면 위 조사를 꼭 살펴보시기 바랍니다. 그리고 현실을 확인해주셨으면 합니다.

「2014년 민간 급여 실태 통계조사 결과」(국세청)에 의하면 비정규직의 1년간 평균 급여는 약 170만 엔입니다. 「2014년 임금구조 기초 통계조사」(후생노동성)에 의하면 비정규직 고용자의 임금은 나이가 많아져도 거의 오르지 않습니다.

여러분의 자녀가 사회에 나갈 무렵이면 또래 아이들이 비정규직 고용으로 취직하는 비율이 더욱 높아져 있을 것입니다. 그리고 연수입 170만 엔으로 평생을 계속 살아가게 되는 것입니다.

앞서 이야기한 것처럼 학자금을 빌린 사람은 월 2만 4000여 엔을 갚아나가야 합니다. 하지만 연수입 170만 엔인 사람에게 월 2만 4000엔은 큰돈입니다.

도저히 갚을 수 없습니다.

부모와 교사가 빚을 권유하다

앞서 이야기한 것처럼 학자금을 평균 정도로 빌린 것만으로도 상환액은 어마어마해집니다. 게다가 이자는 최대 3.0%이고 연체료는 2014년 3월 27일까지는 연 10%, 그 이후부터는 연 15%로 훌쩍 뛰었습니다.

그러나 대부분의 어른들은 학자금 대출의 심각한 상황을 잘 모릅니다.

「2013년도 학자금 연체자에 관한 속성 조사 결과」(일본학생지원기구)에 의하면 연체자의 60% 이상이 누군가로부터 학자금 대출을 이용할 것을 권유받아 빌린 것이라고 합니다. 연체자가 되기를 권유한 사람의 60%는 부모 · 친척이고, 학교 교사로부터 권유받은 연체자도 35%에 이릅니다. 학교 관계자도 학자금 대출의 실태를 거의 모르는 것입니다.

상환 의무가 있다는 사실을 사전에 알았던 사람은 연체자의 약 56%에 불과합니다. 바꿔 말하자면 놀랍게도 44%의 사람들은 상환 의무가 있다는 것을 모르는 채로 빌린 것입니다. 대출 종료 시점 이후에 알게 되는 사람이 약 10%이고, 10%의 사람들은 독촉을 받고 나서야 비로소 상환 의무가 있다는 사실을 깨닫게 되는 상태입니다. 독촉을 받는 것은 성인이 된 이후이니 그 지경까지 오면 본인에게도 책임이 있다고 할 수 있을 것입니다. 하지만 어른이 잘 가르쳐주었다면 이러한 사태를 피할 수 있었을 것이라 생각됩니다.

그리고 위의 조사에 의하면 연체하지 않는 사람의 70% 가까이는 상근 직원인 데 반해서 연체자의 상근 직원 비율은 약 40%도 채 되지 않습니다.

다시 한 번 말하겠습니다. 연체 기간이 3개월 이상인 경우에는 개인신용정보기관에 등록되어 이른바 블랙리스트에 올라 신용카드도 만들지 못하게 되고, 주택 융자도 받을 수 없게 됩니다.

그 이후부터는 민간 채권회수업자에게 위탁되며, 연체가 9개월을 넘어서면 법적 조치가 행해집니다. 예를 들자면 본인이나, 혹은 연대보증인의 재산이 압류되는 경우도 있는 것입니다.

궁지로 내몰리는 젊은이들

궁지로 내몰린 사람 가운데는 스스로 목숨을 끊는 사람도 있습니다. 일본의 15세부터 39세까지의 사망 원인 중 1위가 바로 자살입니다(후생노동성 「2013년 인구동태 통계월보 연간 합계」). 일본 이외의 G7 각국에서 이러한 경향은 찾아볼 수 없습니다(내각부 「2015년판 자살대책백서」). 자녀의 진로를 생각하는 것은 자녀의 생명을 지키는 일입니다.

'독립행정법인 일본학생지원기구의 제3기 중기목표, 제3기 중기계획 및 2014년도 계획'에서는 '학교와의 연대 강화'

로 다음과 같은 계획을 발표하고 있습니다.

학자금 융자 상환의식의 함양 등을 위해 학자금 융자를 받은 학생의 채용이나 대출 중인 학생에 대한 지도를 대학 등과 연계해서 진행한다.

특히 채용 시, 근무 시와 같이 상환개시 전 학자금 대출의 중요한 시점에서 학자금 제도와 모든 절차에 대한 이해 증진과 상환의식 함양을 꾀하기 위해 학자금 대출 학생에게 설명회를 개최하도록 대학 등에 협력을 구한다.

또한 대학 등의 담당 직원을 대상으로 학자금 융자 업무에 관한 연수회를 개최함과 동시에 대학 등에 대해서도 상환금 회수 방법을 홍보하고 주지시킨다.

한편 대학 등에 관한 연체율 등의 공표에 대해서는 대학 등이 확실하고 효과적으로 학자금 대출 학생에 대한 지도를 하기 위한 정보 제공의 일환으로 적절히 행한다.

그리고 2016년도부터 학자금 상환 연체자의 비율을 학교별로 공표하겠다는 방침을 분명히 했습니다. 이것으로 안이하게 학자금을 빌리는 사람이 줄어들었으면 하는 바람입니다.

한층 위험부담이 높아진 대학 진학

'한 젊은이가 있었습니다. 아버지를 일찍 여의고 어머니가 파트타임으로 일을 해서 생계를 꾸려가고 있었습니다. 동급생들이 한창 멋을 부리며 즐거워할 때도 그는 꾹 참았습니다. 부자가 되고 싶다, 효도를 하고 싶다고 희망했습니다. 그러다 관심을 갖게 된 것이 부동산 투자였습니다. 하지만 투자를 위한 돈이 없었습니다. 그래서 돈을 빌렸습니다. 부동산 투자에 관한 공부를 열심히 했습니다. 그런데 투자가 뜻대로 되지 않았습니다. 마침내 빚을 끌어안은 채 살아가게 되었습니다. 도저히 갚을 수가 없었습니다. 어쩔 수 없이 개인파산을 신청했습니다. 그러자 연대보증인인 어머니에게 독촉이 시작되었습니다. 어머니는 얼마 되지 않는 연금으로 생활하고 있습니다.'

이것을 읽고 젊은이에게 동정하시겠습니까? 그 젊은이가 '집이 가난하면 부동산 투자를 해서는 안 된단 말인가?'라고 말한다면 어떻게 생각하시겠습니까? 그 젊은이가, 가난한 집안의 사람도 부동산 투자를 할 수 있도록 기금 조성을 위해 모금활동을 한다면 당신은 참여하시겠습니까? 대부분의 사람들이 동정도, 모금도 하지 않을 것입니다. 그리고 '어째서 부동산 투자 같은 데 손을 대는 거지? 조금 더 착실하게 돈을 버는 방법도 있잖아'라고 생각할 것입니다. 그렇다면 다음의 경우는 어떨까요?

'한 젊은이가 있었습니다. 아버지를 일찍 여의고 어머니가 파트타임으로 일을 해서 생계를 꾸려가고 있었습니다. 동급생들이 한창 멋을 부리며 즐거워할 때도 그는 꾹 참았습니다. 부자가 되고 싶다, 효도를 하고 싶다고 희망했습니다. 그러다 관심을 갖게 된 것이 대학 진학이었습니다. 하지만 진학을 위한 돈이 없었습니다. 이에 일본학생지원기구의 학자금을 빌리기로 했습니다. 대학에서는 공부를 열심히 했습니다. 그런데 취직이 뜻대로 되지 않았습니다. 마침내 빚을 끌어안은 채 살아가게 되었습니다. 도저히 갚을 수가 없었습니다. 어쩔 수 없이 개인파산을 신청했습니다. 그러자 연대보증인인 어머니에게 독촉이 시작되었습니다. 어머니는 얼마 되지 않는 연금으로 생활하고 있습니다.'

이것을 읽고 젊은이에게 동정하시겠습니까? 그 젊은이가 '집이 가난하면 대학 진학을 해서는 안 된단 말인가?'라고 말한다면 어떻게 생각하시겠습니까? 동정하는 사람도 있을 것입니다. 그러나 현실은 대학 진학이란 부동산 투자만큼이나 위험한 일이라고 누구나 인식해야 할 시대로 돌입했습니다.

진로 선택의 상식이 바뀌었다

세월이 변했습니다. '어째서 대학 진학 같은 데 손을 대는 거지? 조금 더 착실하게 돈을 버는 방법도 있잖아'라고 생각해야 하는 시대가 되었습니다.

어중간한 대학에 갈 바에는 실업계 고등학교에 가서 기술을 배우는 편이 낫습니다. 고졸로 취직해서 대졸자보다 안정된 생활을 손에 넣은 사람이 적지 않습니다.

그 젊은이에게 대학 진학이라는 '하이 리스크 하이 리턴'과 같은 투자를 가르쳐준 사람이 있을 것입니다. 아마도 교사

일 겁니다. 틀림없이 예전에는 대학 진학이라는 투자가 돈이 되었던 시대도 있었습니다. 하지만 지금은 그렇지 않다는 사실을 현실 인식이 부족한 교사들은 알지 못하는 것입니다.

이런 류의 학자금 상환에 따른 생활고가 뉴스에 오를 때마다 '일본은 상환이 필요 없는 급여형 장학금 제도의 정비가 필요하다'는 논의가 반드시 따릅니다. 하지만 현실적으로 어렵다고 생각합니다.

단순 계산의 문제입니다.

대학 4년 동안 필요한 돈은 얼마일까요?

일본의 대학 진학률은 약 50%입니다. 몇 명에게 장학금을 지급하면 되는 걸까요?

불경기에 빠진 일본에 장학금 급여를 필요로 하는 사람이 얼마나 많겠습니까?

그렇다면 얼마의 돈이 필요하겠습니까? 그리고 그 돈을 어디서 끌어오면 좋겠습니까?

누구나 대학 진학이 가능할 만큼의 돈을 공적으로 준비한다는 것은 불가능한 일입니다.

해결책은 '안정된 수입을 얻을 수 있는 직업에 취직이 가능한 대학에 진학하는 것'이나 '그렇지 않은 대학에는 빚을 지면서까지 입학하지 않는 것'밖에 방법이 없습니다.

아마도 이 책을 읽으시는 여러분은 자녀를 '안정된 수입을 얻을 수 있는 직업에 취직이 가능한 대학'에 진학시키고 싶어 하실 것입니다. 하지만 여기서 주의가 필요합니다. 어떤 대학이 '안정된 수입을 얻을 수 있는 직업에 취직이 가능한 대학'인지 그것은 부모 세대의 상식과 전혀 다르기 때문입니다.

/column/

'여러 방면에서 쓰일 수 있을 것 같은 학부'일수록 위험하다

여러분이 대학을 졸업하신 분들이라면 고등학교 3학년 때를 생각해보시기 바랍니다.

지원 학교를 어떻게 고르셨습니까? 아마도 다음과 같은 과정을 거쳐서 결정하셨으리라 생각됩니다.

우선 수학 · 과학을 좋아하는지 싫어하는지, 국어 · 사회를 좋아하는지 싫어하는지를 가늠해 이과 · 문과를 선택합니다. 입시학원 등이 작성한, 학부별 · 편차치를 고려해 대학을 정리한 표를 준비합니다. 그 표를 이과와 문과로 나누고 모의고사의 편차치 플러스 5 정도의 대학 · 학부를 고릅니다. 살고 있는 지역의 대학으로 할지, 다른 지역에 있는 대학으로 할지를 결정해 폭을 더욱 좁힙니다. 이렇게 해서 지원 학교를 결정합니다.

고등학교 3학년생에게 확고한 직업의식은 없습니다. 고

등학교에서 배운 적이 없는 내용을 가르치는 사회학부, 국제학부는 알 것 같으면서도 잘 모르는 것이 현실입니다. 그렇기 때문에 우리에게 믿을 것이라고는 편차치뿐입니다. 왜냐하면 같은 대학이라면 편차치가 높은 대학에 진학하는 것이 보다 윤택한 인생을 보장해줄 것이라 생각하고 있기 때문입니다.

그렇기 때문에 대학을 거론할 때 '구제국대학'*, '고등사범학교', '조경상리(早慶上理)'**, 'MARCH'***, '일동구전(日東駒專)'****, '대동아제국(大東亞帝國)'***** 등처럼 부르는 것이 아직 남아 있습니다.

하지만 지금은 대학의 역할이 크게 바뀌었습니다.

요즘의 대학은 '노벨상이나 필즈상을 받을 만한 인재를 양성하는 대학'과 '그 외의 대학'으로 나뉘고 있습니다. '그 외의 대학 · 학부'는 '실무형 대학'과 '비실무형 대학'으로 나뉩니다.

---

* 과거 '제국'이라는 이름이 붙었던 국립대학들을 말한다. 도쿄제국대학은 도쿄대학으로, 교토제국대학은 교토대학으로 출범했다.

** 와세다(早稻田), 게이오(慶應), 조에쓰(上越), 도쿄대 이과대학을 말함. 우리나라의 SKY로 부르는 것과 같다.

*** 메이지, 아오야마, 릿쿄, 호세이, 주오 대학을 말함.

**** 니혼(日本), 도요(東洋), 고마자와(駒澤), 센슈(專修) 대학을 말함.

***** 다이토(大東) 문화대학, 도카이(東海), 아세아(亞細亞), 데이쿄(帝京), 고쿠가쿠인(國學院) 대학을 말함.

아마도 실무형 · 비실무형이라는 말은 그리 익숙하지 않으리라 생각됩니다. 실무형이란 의학부, 약학부, 교원양성계열 학부 등처럼 졸업 후 하게 될 일과 대학교육이 거의 100% 들어맞는 대학교육을 말합니다. 반면 비실무형이란 문학부, 사회학부, 경제학부처럼 전공과 하는 일이 크게 일치하지 않는 대학이며, 말하자면 '여러 방면에서 쓰일 수 있을 것' 같은 학부를 말합니다.

앞으로는 '그 이외'인데다 '비실무형' 대학에 진학하는 것은 매우 위험한 선택이 될 것입니다.

제 2 장

지금 '안전한 진학처'는 있는가?

상위권 대학의 취직률 실태

문부과학성과 후생노동성은 해마다 대학생의 취업 결정률을 「대학 등 졸업예정자의 취업 결정 상황 조사」로 발표하고 있습니다. 이에 따르면 대학의 취업 결정률은 80.4%(2015년 12월 1일 현재)로 2008년 금융위기 이전으로 되돌아갔습니다. 대학의 팸플릿에서는 취업률이 높다는 사실을 강조하고 있습니다. 동양경제 온라인에서 「최신판 '대학별 취업률 랭킹' 베스트 100」을 발표했습니다. 그에 따르면 상위에 랭크된 학교는 취직률이 거의 100%에 이르고 있습니다.

대단합니다. 하지만 사실일까요?

사실이기는 하지만 여러분께서 생각하는 '거의 100%'가 의미하는 것과 앞서 이야기한 '거의 100%' 사이에는 상당한 차이가 있습니다.

혹시 여러분은 취업률이란 졸업생 전원 가운데 취직한 사람의 비율이라고 생각하고 계시지 않으십니까?

그렇지 않습니다. 사실은 취업을 희망하고 있는 학생 가운데 취직에 성공한 학생들의 비율입니다. 예를 들어 취업을 희망해서 구직활동을 했으나 취직하지 못해 대학원에 진학한 학생의 숫자는 제외됩니다. 또한 진로희망 조사에서 무응답이었던 학생은 '진로 불분명(진로 미정자)'으로 간주되어 제외됩니다. 그리고 공무원 시험에 도전했다가 떨어진 학생도 내년에도 공무원 시험에 재도전할 예정이기 때문에 '이번 연도'는 취직을 희망하지 않는 학생으로 분류됩니다.

그리고 취업률의 분자도 잘 살펴보아야 합니다. 앞서 분모에서 제외되었던, 진로희망 조사에서 무응답이었던 학생이 취직한 경우는 '취직을 희망하는 학생'이기 때문에 분모 · 분자에 가산됩니다. 공무원 시험에 합격하면 '취직을 희망하는 학생'이기 때문에 분모 · 분자에 가산됩니다. 취직을 하면 '취업자'로 분류되기 때문에 아르바이트 같은 일까지도 취업자로 보는 경우가 있습니다. 또한 취직한 곳이 블랙 기업이라는 사실을 알아도 상당한 악질이 아닌 이상 취업 담당자는 충고를 해주지 않는 경우도 있습니다.

그렇다면 실제 취직률은 어느 정도 될까요? 취직률 90% 이상을 자랑하는 대학도 사실은 대체로 60% 정도일 것이라고 보는 것이 취직 담당자들의 업계 인식입니다(사와다 겐타, 《까놓고 이야기하는 대학 취업센터》).

고등학교 졸업생의 취직률은 거짓?

대학에게 있어서 중요한 것은 문부과학성과 후생노동성의 「대학 등 졸업예정자의 취업 결정 상황 조사」에 대한 회신 기간입니다. 즉, 졸업 연도의 전반기에 실직하지 않는다면 아무런 문제도 없습니다. 또한 설령 신년도 초반에 실직했다 할지라도 실직했다는 적극적인 보고가 없으면 데이터는 수정되지 않습니다(그런 보고는 거의 없을 것입니다). 반대로 신년도 이후에 취직한 경우에도 데이터는 수정되지 않습니다.

이와 같은 상황이 고등학교에서도 일어나고 있습니다.

「고교 · 중학 당해 연도 졸업자 구인 · 구직 상황」(후생노동성)에 의하면 고교생의 취직률은 1985년 이후 언제나 100%의 추이를 보이고 있습니다. 그런데 이해할 수 없는 일이 있습니다. 1992년의 구인자 수는 152만 명이었는데 2016년은 29만 명입니다. 실로 5분의 1밖에 되지 않습니다. 그런데 이처럼 급격한 변화에도 불구하고 언제나 '취직을 희망하는 학생'의 수는 구인자 수와 일치하고 있기 때문에 취업률 100% 가까이를 유지하고 있습니다. 이유는 대학과 마찬가지로 '거짓 아닌 거짓'으로 숫자를 조작하고 있기 때문입니다.

지금 고졸자의 일자리는 대졸자에게 잠식당하고 있습니다. 점점 줄어들고 있습니다. 하지만 학생을 무직인 채 그냥 내버려둘 수도 없는 일입니다. 고졸자가 취업을 하지 못하면 그러한 경우 학교 측에서는 대학 진학을 권합니다. 부모 입장에서도 대학에 진학하면 취직에 유리할 것이라고 단순하게 생각하고 있습니다. 18세 인구가 줄어든 가운데서도 대학은 여전히 신설되고 있습니다. 그렇기 때문에 대입 원서에 이름을 적어내기만 하면 합격할 수 있는 대학도 있습니다. 왜냐하면 부모 · 학생과 교사, 그리고 대학의 이해관계가 일치하기 때문입니다.

여기에는 단 한 가지 중요한 사실이 빠져 있습니다. 그것은 고등학교 졸업 때 취직하지 못했던 아이가 대학에 갔다고 해서 취직할 수 있을지 장담할 수 없다는 점입니다.

고등학교 선생님들에게 나쁜 마음이 있어서가 아닙니다. 단지 자신들의 책임은 학생이 졸업할 때까지이고, 졸업한 후의 일은 자신들의 책임이 아니라고 생각하고 있을 뿐입니다. 그렇기 때문에 대학의 실태를 알 필요는 없으며, 실제로 모릅니다. 따라서 학생과 부모에게 올바른 정보를 전달하지 못하는 것입니다.

증가하는 고학력 근로 빈곤층

고학력자여서 오히려 빈곤해지는 경우조차 있습니다. 간사이 지역과 수도권 대학의 비정규직 강사 노조가 펴낸「대학 비정규직 강사의 실태와 목소리 2007」에 의하면 전업 비정규직 강사(주로 대학의 시간 강사를 직업으로 삼고 있는 사람)의 평균 연수입은 306만 엔이고, 44%는 250만 엔 미만입니다. 전업 비정규직 강사의 96%가 직장의 사회보험에 미가입되어 있고, 75%가 국민건강보험, 15%가 부양가족으로 가족의 보험에 들어가 있습니다. 국민건강보험료는 연평균 26.4만 엔

(평균 연수입의 8.6%)이고, 국민연금보험료(연 16만 6320엔)와 합하면 연수입의 13%를 차지합니다.

어째서 이런 사태에 빠지게 된 걸까요?

문과계열 박사과정의 일자리는 주로 대학교원입니다. 예전에는 구제국대학에만 박사과정이 있어서 거기서 대학교원을 양성했습니다. 그런데 1991년부터 시작된 구문부성의 '대학원 중점화 정책'에 의해서 박사과정이 급격하게 늘어났습니다. 수요가 확대된다면 박사과정 정원이 늘어도 문제될 것이 없지만, 마침내 대학의 증가 속도가 줄어들고 있습니다. 그런데 일단 설치된 박사과정은 정원에 맞춰 대학원생을 입학시킵니다. 만약 정원을 채우지 못하면 행정 당국으로부터 지도를 받거나 최악의 경우에는 경비 삭감, 즉 예산이 삭감됩니다. 입학한 학생들은 몇 년 후에 수료하지만 그때가 되면 취직할 수 있는 자리가 없어지는 것입니다.

1991년 이전부터 박사과정을 설치해서 인재를 양성해온 대학의 경우는 연구자들의 인적 네트워크를 형성하고 있습니다. 그렇기 때문에 상대적으로 취직할 가능성이 높아집니다. 하지만 1991년 이후에 박사과정을 설치한 곳은, 출신 대학의 자리는 제공할 수 있어도 다른 대학에서의 취직은 어려워집니다. 박사과정 담당 교수가 평생 10명의 학생을 키웠다 해도 그 가운데 자신의 후계자로 삼을 수 있는 것은 1명뿐입니다. 그 이외의 사람 가운데 대학에 남으려 하는 사람이 있으면 비정규직 강사로 일하게 됩니다. 1주일에 1학점(90분 강의)의 월 급여는 2만 5000엔 정도입니다. 인건비를 절감하고 싶은 대학으로서는 고마운 존재입니다. 대학 입장에서는 언제라도 2만 5000엔에 고용할 수 있기 때문에 고마운 것이지, 전임으로 임용하면 인건비 부담이 급격하게 늘어납니다. 새로운 박사과정 수료자가 배출되어 공급과잉이 되면 비정규직 강사의 지위는 더욱 불안해집니다.

박사과정 수료자의 진로는 더욱 막막해진다

사실은 좀 더 끔찍한 일이 현재 진행 중입니다.

박사과정 수료자의 전임으로서의 일자리 가운데 가장 큰 곳은 국립대학의 교원양성계열 학부입니다. 각 지방자치단체에는 각각 하나의 국립대학이 있고 그 대부분에 교원양성계열 학부가 있습니다. 초등학교 교사를 양성하는 경우, 넓은 분야의 교원이 필요하기 때문에 거의 모든 분야의 박사과정 수료자를 받아들일 가능성이 있습니다.

그런데 2014년 11월 7일 문부과학성 고등교육국장으로부터 「대학원에 전공별로 두기로 되어 있는 교원의 숫자를 명시한 조항 일부를 개정하는 고시에 대해」라는 통지가 전국 대학에 통보되었습니다.

그에 따르면 국어교육 전공, 사회과학교육 전공, 수학교육 전공, 이과교육 전공, 음악교육 전공, 미술교육 전공, 보건체육 전공, 기술교육 전공, 가정과교육 전공, 영어교육 전공을 하나로 묶으면 15명의 연구지도 교원과 10명의 연구지도 보조교원으로 운영할 수 있게 됩니다.

현재는 10개 교과에 76명(42명의 연구지도 교원과 34명의 연구지도 보조교원)의 교원이 필요한 대학원이 25명만으로도 성립될 수 있게 된 것입니다.

그리고 '향후 국립대학원에서의 교사 양성 · 연수 기능을 교직대학원이 중심이 되어 담당하게 될 것을 고려하면, 국립대학의 석사과정에 10개 교과에 관계하는 전공 내지 전수(專修)를 전부 두는 것은 확정할 수 없게 된다'고 보고서에 명기해 놓았습니다.

그리고 국립대학은 해마다 운영비 교부금(대학을 운영하기 위해 문부과학성이 지급하는 예산)이 삭감되고 있습니다. 그러나 어느 대학도 지금 일하고 있는 사람을 해고할 수는 없습니다. 그로 인해 인건비 때문에 재정 압박을 받는 상황입니다.

따라서 앞으로 적어도 10년 가까이는 신규 채용을 극단적으로 제한해서 정년 퇴직자를 보충하지 않는 방법으로 예산을 운용하려 하고 있습니다.

박사과정 수료자의 고민은 더욱 심각해질 것입니다.

박사과정을 급격하게 늘린 데 대한 역효과가 이런 곳에까지 영향을 준 것입니다.

우리 아이의 진로를 어떻게 선택하면 좋을까?

학력은 더 이상 고수입을 보장하지 않습니다. "중졸보다는 고졸, 고졸보다는 대졸. 같은 고등학교 · 대학교라면 편차치가 높은 쪽이 취직을 좀더 확실하게 보장해준다"라는 학력 모델은 이미 깨졌습니다.

그렇다면 어떤 진로가 바람직할까요?

결론부터 말하면, 만약 자녀가 도쿄 대학을 대표로 하는 상위권 대학으로의 진학을 희망하고 있고, 합격할 가능성이 높다면 그 방향을 유지해도 상관없습니다. 그런 수준의 졸업생이라면 일류 기업에 종신고용 대우로 채용될 것입니다. 그리고 머지않은 미래에 인공지능이 인간의 일을 빼앗는 가운데서도 살아남을 것입니다. 인공지능이 빼앗는 것은 중간관리직의 일입니다. 임원 수준의 일은 빼앗기지 않을 것이며 빼앗을 수도 없습니다.

문제는 그 다음 수준의 대학입니다. 편차치 60* 정도의 대학입니다. 아마 놀라셨을 줄로 압니다. 편차치 60 정도라면 충분히 일류입니다. 전국적으로도 이름이 알려져 있는 대학이라 생각합니다. 하지만 그런 수준의 대학이라 할지라도 안정적이라고는 단언할 수 없습니다. 비실무형(여러 분야에서 쓰일 수 있을 것 같은 학부. 57쪽 참조)은 더욱 그렇습니다.

2015년 6월에 문부과학성 장관이 「국립대학법인 등의 조직 및 업무 전반의 재검토에 대해서」라는 통지를 보냈습니다. 그 중에 '특히 교원양성계열 학부 · 대학원, 인문사회과학계열 학부 · 대학원에 대해서는 18세 인구의 감소와 인재 수요, 교육연구 수준의 확보, 국립대학으로서의 역할 등을 고려한 조직 개편 계획을 책정하여 조직의 폐지와 사회적 수요가 높은 분야로의 전환에 적극적으로 대처하도록 노력해야 한다'

* 편차치 60은 상위 15.9% 정도이다. 참고로 편차치 100은 상위 0.00002%, 90은 0.00315%, 80은 0.13499%, 70은 2.275%

는 내용이 있습니다.

이 통지 때문에 '인문사회계열 경시다!'라는 커다란 반발이 일었습니다.

당황한 문부과학성은 같은 해 9월 일본학술회 간담회에서 「새로운 시대를 직시한 국립대학 개혁」을 발표했습니다. 거기에는 '문부과학성은 인문사회과학계열 등의 특정 학문 분야를 경시하거나, 바로 도움이 되는 실학만을 중시하지는 않는다. 인문사회과학계열의 각 학문 분야는 인간의 삶과 다양한 사회현상의 성찰, 인간 정신생활의 구축과 질적 향상, 사회적 가치관에 대한 성찰과 사회현상의 정확한 분석 등에 있어서 중요한 역할을 담당하고 있다'고 발표하여 진화에 노력했습니다.

교육 투자에 적합한 진학은?

문부과학성의 2015년 9월의 해명은 상위권 대학의 인문사회계열 학부에 대한 것입니다. '그 이외' 대학의 인문사회계열 학부에 대한 생각은 6월의 통지 그대로입니다. 그 이유는 지금의 현실을 보면 상위권 대학 이외의 인문사회계열 학부 출신자의 취직이 매우 어렵다는 점에 있습니다. 앞서 이야기한 취업 결정률의 수치 산출 방식에서도 알 수 있듯이 학부모나 선생님들 가운데는 아직 깨닫지 못한 분도 많을 것입니다. 국립대학은 국민의 혈세로 운영되고 있습니다. 그렇기 때문에 학부모들이 미처 깨닫기 전에 성장 속도를 서서히 둔화시키려는 것이 진짜 의도입니다.

그렇다면 어떻게 대처하는 것이 좋을까요? 가장 먼저 제가 권하는 것은 편차치 60 이하의 대학(즉, 지방 사람인 경우에는 지방의 국립대학)에 진학하는 경우는 실무형 학부(57쪽 참조)에 진학하라는 것입니다. 만약 자녀가 반드시 비실무형 학부에 진학하기를 희망한다면, 취직을 희망하는 업종에 도움이 될 만한 능력을 배울 수 있는 전문학교 등에 입학할 것을 권합니다. 그리고 편차치 50 정도의 비실무형 대학에는 진학하지 말기를 권합니다. 왜냐하면 교육 투자에 적합하지 않기 때문입니다.

따라서 고등학교에 진학할 경우 상위권 대학이나 그에 준하는 대학에 진학할 수 있을 만한 고등학교, 즉 지방에서는 상위권 고등학교로의 진학을 희망하고 가능성이 충분히 있는 자녀라면 그대로 진학해도 좋을 것입니다. 그러나 그 아래, 지방으로 말하면 두 번째, 세 번째 수준의 일반 고등학교에 진학하는 것은 다시 한 번 생각해볼 문제입니다. 그 고등학교를 졸업해도 취직은 어려울 것이라 생각합니다. 그 경우, 취직하지 못하면 '교육 투자에 적합하지 않은 대학'에 진학하는 길밖에 선택의 여지가 없는 위험성이 있기 때문입니다. 그런 고등학교에 진학할 바에는 오히려 그 학교보다 편차치가 낮은 실업계 고등학교에 입학해서 그 고등학교의 '산학협약 취업'으로 취직하는 편이 안정된 직업을 얻을 가능성이 높습니다. 고졸로 규모가 큰 기업에 정규직으로 채용될 경우, 규모가 작은 기업의 정규직 대졸자보다 생애 총 임금이 높기 때문입니다. 그리고 정규직으로 채용된 고졸자가 비정규직으로 채용된 대졸자보다 수입이 훨씬 더 높기 때문입니다. 단, 진로지도 담당자의 능력 부족으로 우수한 산학협력 취업제도를 가지고 있지 않은 실업계 고등학교도 있습니다. 잘 조사해 보시기를 권합니다.

안이한 진로지도는
학부모가
꿰뚫어보자

실업계 고등학교에서 '산학협력 취업'으로 취직을 하면 고등학교와 연관 있는 기업에 취직하기 때문에 정규직 채용입니다. 한편 대졸자의 실질적인 취업률이 60%~70%이니 대략적으로 말해서 편차치 55 이하인 C랭크 대학의 비실무형 학부에 진학한 사람은 취직이 어렵거나 비정규직으로 고용이 될 가능성이 높습니다. 실제로 그와 같은 사람들이 양산되고 있습니다. 어째서 이런 일이 일어나고 있는 것일까요?

각 공립 고등학교의 진학 실적을 일람표로 정리해서 공개하는 지방자치단체도 있습니다. 거기에는 국공립 대학의 합격자 목록이 실려 있습니다. 교육위원회로서는 그럴 의도는 없다 할지라도 무언중에 고등학교에 압력이 가해집니다. 결과적으로 어쨌든 입시 실적 올리기를 압박하는 '분위기'가 고등학교 안에 형성됩니다. 그 분위기는 당연히 양식 있는 교사의 행동까지도 구속합니다.

센터시험의 결과가 나오면 진로지도부는 그 점수로 합격할 수 있는 국공립 대학을 찾습니다. 그리고 그 대학이 현재 지역에서 1000km 먼 곳이라 할지라도 진로지도부는 담임에게 그 대학에 응시할 것을 학생에게 '강하게' 권하라고 요구합니다. 그 아이가 출신 지역 선호 경향이 강해 지금까지의 커리어 교육*에서도 그것을 권했던 담임이 1000km나 떨어진 대학을 권하게 되는 모순이 일어납니다. 아마도 그 아이는 지역의 전문학교를 희망하고 있다는 사실을 담임도 잘 알고 있을 테지만 말입니다.

센터시험 응시율이 교육위원회의 자료에 실리면 대학 진학을 희망하지 않고 전문학교를 희망하는 학생이나 추천입시로 합격한 학생에게까지 센터시험을 '강하게' 권하는 일도

* 근로의식 및 직업관을 길러주는 교육. 주체적으로 진로를 선택할 수 있는 능력과 태도를 기르고 직업생활과의 원활한 연결을 꾀한다.

있습니다. 이유는 여러 가지입니다. '합격이 결정됐다고 해서 공부를 등한히 해 학력이 떨어지지 않도록 하기 위해', '고등학교 교육의 총괄적 평가를 위해서' 등입니다.

예전에는 고졸자의 일자리였던 기업에 요즘에는 B랭크 대학의 졸업생들이 들어가고 있습니다. 그 결과 고등학교(특히 일반고) 졸업생의 채용 숫자가 줄어들고 있습니다. 취직하지 못하면 교사는 진학을 권합니다. 그 지역 기업들이 대졸자를 채용하게 되었기에 취직이 안 된다고 교사는 설명합니다. 학부모와 학생도 진학을 희망하게 됩니다. 그런데 양쪽 모두 인식하지 못하는 사실은, 그와 같은 학생의 진로는 C랭크 이하의 대학이라는 사실입니다.

학력은 더 이상 고수입을 보장하지 않습니다.
"중졸보다는 고졸, 고졸보다는 대졸.
같은 고등학교 · 대학교라면 편차치가 높은 쪽이
취직을 좀 더 확실하게 보장해준다"라는
학력 모델은 이미 깨졌습니다.

종신고용이 사라지는 시대

제1장에서 첫 번째 직장을 구한 사람의 약 40%가 비정규직 고용이라고 이야기했습니다. 그리고 그 숫자는 앞으로 더욱 늘어날 것입니다. 이제는 어떤 진로를 선택하든 '취업과 관계없는 학교생활'이나 '편안한 직장생활'은 있을 수 없는 시대가 되었습니다. 그것이 무엇을 의미하는지 이야기해보기로 하겠습니다.

일본에서는 종신고용, 연공서열이 일반적이라고 여겨져 왔습니다. 하지만 냉정하게 생각해보면 터무니없을 정도로 이상한 일이라는 사실을 알게 됩니다. 종신고용이란 기업의 경영 상태와는 상관없이 '절대 해고하지 않는다'는 것입니다. 게다가 해고는커녕 오히려 급여를 올려주겠다는 것이 연공서열입니다.

종신고용이나 연공서열은 1950년대에 시작된 고도경제성장기에 생겨난 고용관습으로 그 이전의 일본에는 없었던 것입니다. 그 이후 일본은 거의 대부분의 시기가 호경기였고, 불경기에 빠졌다 할지라도 바로 호경기로 돌아설 것이라는 기대가 있었습니다. 이에 회사의 유능한 사원을 계속 붙들어 두기 위해서 생겨난 것이 종신고용과 연공서열입니다. 그리고 일본은 1950년대 이후 계속 호경기였기에 종신고용과 연공서열을 유지할 수 있었습니다.

그런데 1970년대 중반부터 일본은 저출산, 고령화 사회가 되었습니다. 일본의 인구는 이번 세기 말까지 3분의 2로 줄고, 65세 이상의 고령자가 늘어납니다. 일본의 국내 총생산은 대부분이 내수 시장입니다. 그 시장이 축소되는 것이니 예전의 호경기는 두 번 다시 돌아오지 않을 것입니다.

피터 드러커가 간파한 것처럼 국가의 상태는 인구 구조에 의해 결정됩니다. 그런데 그 인구 구조는 상당히 오래 전부터 분명하게 알 수 있습니다. 예를 들어 20년 후의 20세 인구는 지금의 0세 인구이기 때문입니다. 지금으로부터 20년 이상 이전인 1995년 5월에 일본경영자단체연맹(일경련)에서 「신시대의 '일본식 경영' — 도전해야 할 방향과 그 구체적 대책」을 발표했습니다. 거기서 앞으로 일본의 고용에 있어서 종신고용은 간부 후보생처럼 일부에게만 적용하고 대부분은 기간제 고용으로 할 것을 제언했습니다.

기간제 고용 시대의 취업 활동

그런데 기간제 고용이 일반적인 고용 형태가 되면 크게 변하는 것이 있습니다.

지금의 일본에서 기업은 대학 교육에 거의 기대를 걸고 있지 않습니다. 결국은 자신들이 스스로 교육시켜야 한다고 생각하고 있습니다. 신입사원은 입사 후 바로 업무를 볼 수 없기 때문에 사내 교육을 받아야 합니다. 그런데 그 신입사원에게 급여의 전액을 지급합니다. 그것이 당연하게 행해지고 있습니다. 하지만 이것은 조금 이상하지 않습니까? 일도 못하는 사람에게 교육을 제공하고 급여도 제공합니다. 이것이 성립될 수 있는 것은 종신고용이기 때문입니다. 젊은 신입사원에게 투자를 하면 5년 후에는 일을 할 수 있게 되고 10년 후면 일을 해서 최초의 투자를 회수할 수 있게 되기 때문입니다. 즉, 한 사람에 대한 급여를 30년, 40년 단위로 계산할 수 있는 것입니다.

그런데 종신고용이 사라지면 1년 단위로 계산을 할 수밖에 없습니다. 예를 들어 신입사원에게 투자를 해서 키워놔도 스스로 일을 할 수 있게 되면 자신을 높이 평가해주는 기업으로 옮기게 됩니다. 그것이 기간제 고용이기 때문입니다.

따라서 기간제 고용이 일반화되면 회사는 채용한 그날부터 급여만큼(혹은 그 이상으로) 일을 해줄 것을 요구합니다. 이른바 '즉시 전력'을 원하게 되는 것입니다. 하지만 대학은 그러한 교육을 하지 않습니다. 예를 들어《겐지모노가타리》*로 졸업 연구를 했던 학생이 증권회사에 취직해서 무슨 일을 할 수 있겠습니까? 아무것도 할 수 없습니다. 왜냐하면 대학에서 증권회사의 실무에 대해서는 무엇 하나 배운 적이 없기 때문입니다. 따라서 기업은 그런 학생을 채용하지 않습니다.

---

* 11세기 초의 일본의 대표적인 문학 작품.

물론《겐지모노가타리》의 학술연구가 중요하다는 점은 말할 필요도 없습니다. 그러나《겐지모노가타리》에 관한 깊이 있는 학문적 연구는 노벨상이나 필즈상을 획득할 만한 인재를 육성하는 대학에서 담당할 일입니다.

입사 지원서의 자격증 난에 교사자격증을 적는 사람도 많으리라 생각됩니다. 하지만 이는 취직에 마이너스가 됩니다. 어째서일까요?

만약 학생이 "저는 귀사(업계)에 취직하고 싶어서 ○○학부에 진학, ○○을 전공했습니다"라고 말한다 할지라도 앞뒤가 맞지 않습니다. 그런 희망을 가지고 있었다면 교직 과목을 이수하지 않고 다른 과목을 이수했을 것이기 때문입니다.

대학생활의 성실성을 엄격하게 묻게 된다

채용 현장은 이미 바뀌었습니다. 다음은 경제동우회가 2015년에 발표한「앞으로의 기업 · 사회가 요구하는 인재상과 대학에 대한 기대」중의 한 대목입니다.

지금까지는 대학에서의 학문이 기업에서 직접적으로 도움이 되는 경우는 적다고 보았기에 기업의 채용공고에서는 동아리, 체육회 활동이나 아르바이트 경험을 중시하는 한편 학업성적은 그다지 중요시하지 않는 경향이 있었다. 하지만 대학이

교육수준과 졸업생의 자질을 보장하기만 한다면 기업은 자세를 바꾸어 앞으로는 채용공고에서 문과 · 이과를 불문하고 대학에서의 학업 성과를 중시해야 할 것이다. 구체적으로는 채용공고 때 성적표의 제출을 의무화하고, 면접에서는 배운 학업에 대해서 자세하게 질문해야 한다.

구체적으로는 대학의 성적표를 바탕으로 이수 면접을 합니다(쓰지 다이치로 저《'이수 이력' 면접》). 단, 대학에서 성적을 매기는 법은 매우 자의적이어서 교수가 '천사'인 경우와 '악마'인 경우는 기준이 전혀 다르다는 사실을 면접관들도 과거의 경험을 통해서 잘 알고 있습니다. 면접관이 눈여겨보는 것은 선택과목입니다.

만약 어떤 학생이 출판사의 면접에서 "저는 옛날부터 출판업계에 관심이 있었습니다"라고 말했다고 합시다. 그렇다면 선택과목에 그것이 분명하게 나타날 것입니다. 또한 아르바이트를 했다면 출판 관련 아르바이트를 했을 것입니다. 면접관은 선택과목이나 아르바이트에 대해 자세히 물어 그 학생의 말이 사실인지를 확인하는 것입니다.

면접관은 그 학생이 4년 동안 취해온 행동 전체와 선택 이력을 통해서 그 학생의 비전이 진실된 것인지를 판단하려 합니다. 따라서 학부 1학년 때의 과목도 평가의 대상이 됩니다. 즉, 임기응변은 통하지 않게 됩니다.

그런 학생은 거의 없을 것이라 생각되지 않으십니까? 틀림없이 많지는 않습니다. 하지만 기업은 그런 학생들만을 정사원으로 채용하면 되는 것입니다. 그 이외는 비정규직 고용으로 채용하면 될 테니까요.

대학에 합격한 뒤 4년 동안이 승부의 갈림길

지금 기업은 입사시험에서는 성적표를 꼼꼼하게 살펴보고 질문을 하고 있습니다. 질문 내용은 여러 가지입니다만 다음과 같은 질문이 곧잘 던져집니다.

"가장 열심히 한 강의는 무엇입니까? 그 이유는?"

"그 강의들은 저희 회사에 입사한 뒤 어떤 도움이 됩니까?"

앞서 이야기한 것처럼 대학의 성적은 엄격하지가 않습니다. 하지만 무엇을 선택했는가 하는 데에는 본인의 생각이 나타납니다. 그것은 동아리활동이나 아르바이트 등에서도 마찬가지입니다. 그러한 활동들과 입사하려는 회사 · 업계와의 관련성을 묻는 것입니다. 저희 때만 하더라도 그와 같은 것은 요구하지 않았습니다. 하지만 앞으로의 시대에는 그러한 것이 요구됩니다.

동아리활동도 취직활동의 일환이라고 할 수 있습니다. 동아리 가운데는 특정한 회사 · 업계와 연계가 되어 있어서 인턴십의 기회를 얻기 쉬운 것도 있습니다.

"들어가고 싶은 업계(회사)가 있다면 그 업계 사람들 100명을 만나 이야기를 들으면 반드시 들어갈 수 있다"는 말이 있습니다. 그만큼의 사람들과 관계를 맺고 논의를 하면 정보지에서 얻는 정보보다 몇 배, 몇 십 배의 정보를 얻을 수 있습니다. 면접 담당자라면 그 차이를 뚜렷이 알 수 있습니다. 하지만 그러기 위해서는 그 회사 · 업계와의 연결고리가 있어야 합니다.

이 점에 있어서는 세미나를 선택할 때도 마찬가지입니다.

저의 과거를 생각해보면 대학 1학년 때는 대학 입시에서 해방되고 부모님에게서 독립했다는 해방감에 들떠 있었습니다. 2학년이 되면 대학이 돌아가는 사정에 훤해지기 때문에 적당히 생활하는 방법을 알게 됩니다. 그렇기 때문에 보다 많은 시간을 노는 시간으로 쓸 수 있습니다. 취직에 관한 것이 머릿속에 떠오르는 것은 3학년 무렵부터입니다.

하지만 지금은 그런 태도로 생활하면 남들보다 뒤처지게 됩니다. 1학년, 2학년을 어떻게 보냈는지가 성적표에 그대로 기록됩니다. 그것은 돌이킬 수가 없습니다. 입학식 후의 수강 신청이나 동아리활동에서부터 입사시험 준비는 이미 시작된 것입니다. 아니, 대학 · 학부의 선택에서부터 이미 준비는 시작된 셈입니다. 그 회사 · 업계와 관련이 있는 세미나, 동아리가 있는 것은 어느 대학인지, 어느 학부인지가 중요해진 것입니다.

승부는 고등학교 입학에서부터 시작됩니다

구체적인 진로를 결정하는 고등학교 2학년 후반 무렵부터는 어느 업계에 들어가고 싶은지 비전을 가지고 있어야만 합니다. 하지만 일본의 고등학교에서 이런 수준의 커리어 교육이나 정보를 제공하는 곳은 거의 생각해볼 수도 없는 것이 현실입니다. 그것을 보완하는 것은 학부모의 역할입니다.

우선 이 책을 자녀에게 읽히시기 바랍니다. 틀림없이 깜짝 놀랄 것입니다. 자녀는 '웬만한 대학에 입학해서 대학생활을 즐기며 여러 경험을 쌓고, 웬만한 기업에 취직해서 정년까지 일하겠다'는 막연한 모델을 가지고 있으리라 생각됩니다. 그러나 그러한 모델은 실현 불가능한 것입니다.

저희 아이에게 이 책의 원고를 보여줬더니 "어째서 이런 세상이 된 거지?"라고 분개해서 제게 물었습니다. 저희 아이에게는 알고 싶지 않은 정보일지도 모르겠습니다. 하지만 가장 먼저 알아두어야 할 정보이기도 합니다. 그러나 입시나 취업에 관한 정보만으로는 충분하지 않습니다. 그러한 것들을 결정하기 위해서는 '수입은 어느 정도 필요한가?'(많으면 많을수록 좋다는 정도로는 안 됩니다), '결혼은 할 것인가?'(앞으로는 사회에서 부족함 없이 살아가려면 맞벌이가 필요하다고 생각합니다), '지방에 취직할 것인가?'(대도시에서의 생활이 윤택함을 보장한다고는 장담할 수 없습니다), '부모와 함께 살 것인가?'(맞벌이라면 자녀양육을 위해서 부모의 협력이 필요합니다) 등의 일들을 가능한 한 빨리 생각하지 않으면 안 됩니다. 교사용 책입니다만《액티브 러닝에 의한 커리어 교육 입문》을 꼭 읽어보시기 바랍니다.

앞으로 대학은 점점 더 들어가기 쉬워집니다. 적어도 저희 같은 부모 세대에 비하면 훨씬 더 들어가기 쉬워졌습니다. 그리고 학부모와 자녀들 모두 대학 입학이 기업에 들어가기 위한 패스포트인 것처럼 착각하고 있습니다. 여러분의 자녀도 주위의 또래 아이들과 마찬가지로, 옛날처럼 아무 생각 없이 대학 1, 2학년을 보내고 아무 생각 없이 동아리나 세미나를 선택하게 되는 것 아닙니까? 만약 자녀가 대학 1학년 때부터 취직을 염두에 두고 선택하고 배운다면 구직활동을 할 때 압도적인 힘을 발휘할 것입니다. 고등학교 1학년 때부터 본격적으로 입시 준비를 한 학생과 고등학교 3학년 여름방학 때부터 수험 공부를 시작한 학생만큼의 차이가 날 것입니다.

자신의 진로를 확실하게 하기 위한 지도교수 선택

그렇다면 대학의 학부는 어떤 식으로 선택하는 것이 좋을까요?

어느 분야로 나가든 4년 동안의 대학생활이 '의미 있는 것이 되느냐 되지 못하느냐'는 지도교수로 누구를 선택하느냐에 달려 있습니다.

지도교수를 선택하려 해도 안타깝지만 그것은 일반에게 알려져 있지 않습니다. 자신이 관심을 갖고 있는 내용에 따라 선택하는 사람이 많을 것입니다. 하지만 저는 그것을 권하지 않습니다. 관심이 있다 할지라도 그것은 어차피 고등학생 눈높이의 관심입니다. 차라리 지도교수를 선택하고 그 사람에게 자신이 관심 있는 분야를 이야기해서 적절한 주제를 받기를 권합니다.

그렇다면 어떻게 선택하는 것이 좋을까요? 사실은 간단합니다. 고등학생 수준에서도 판단이 가능합니다.

첫 번째로 교수의 학술 업적을 살펴보는 것입니다. 연구자들의 세계에서 업적은 학술논문과 학회에서 주는 상입니다. 상위권 대학이라 하더라도 업적은 교수에 따라서 천차만별입니다. 대부분의 대학에서는 소속 교수가 어떠한 학술 업적을 쌓았는지 홈페이지에 공개하고 있습니다. 그것을 살펴보십시오. 단, 논문의 개별적인 수준은 알 수 없을 것입니다. 그러니 우선은 숫자로 판단을 합니다. 대학 내에서의 심사에서도 숫자로 심사합니다. 왜냐하면 연구자들도 다른 분야 논문의 수준은 모르기 때문입니다. 그리고 업적의 질과 양은 대부분의 경우 비례합니다(이것이 비즈니스 영역이라면 이해하실 수 있으실 겁니다). 단, 〈○○대학 기요(紀要)〉에 게재된 논문은 수에서 제외합니다. 왜냐하면 대학에서 발행하는 간행물의 경우 그 대학 직원의 논문은 특별한 검토 없이 게재하는 경우가 있기 때문입니다.

이와 같은 학술적 업적이 없는 사람이 그 업계의 방향성을 알고 있을 리 없습니다. 또한 공동연구가 활발한 학문 분야의 경우, 논문의 숫자는 그 교원의 대인관계 능력을 나타내는 것이기도 합니다. 대인관계 능력이 낮으면 공동연구 동료들로부터의 제안도 없을 테니까요.

두 번째로 살펴볼 것은 저서입니다. 이것도 대학 홈페이지에서 찾아볼 수 있습니다. 그리고 아마존 등에서도 검색할 수 있습니다.

요즘은 책이 좀처럼 팔리지 않는 시대입니다. 책이 나왔다는 것은 출판사가 팔릴 것이라고 판단했다는 의미입니다. 즉, 그 학문을 필요로 하는 업계 사람들이 필요하다고 생각하는 정보를 그 업계 사람들이 알기 쉽게 저술할 수 있는 저자라고 판단했다는 말입니다. 그런 사람이라면 그 업계와 관계를 맺고 있습니다. 그렇기 때문에 그 업계의 정보를 많이 가지고 있습니다. 따라서 취업에도 유리합니다.

세 번째로 '평판'입니다. 상급생들과 관계를 유지하며 적극적으로 정보를 수집하기 바랍니다. 그 연구실의 취직 상황, 그리고 분위기 등을 파악합니다. 예를 들어 선배들이 비정규직 강사들뿐인 연구실에 들어갔다면, 자신도 언제까지고 비정규직 강사에 머물 가능성이 높은 것은 자명한 사실입니다.

이와 같은 정보들은 입학 전에 수집하는 것이 가능하니 그렇게 할 것을 권합니다. 특히 앞서 이야기한 첫 번째와 두 번째는 충분히 가능합니다. 그리고 관심을 갖게 된 교수님께서 쓰신 입문서 같은 책도 읽어보기를 권합니다.

그런 다음 자신이 장래에 어떤 일을 실현하고 싶은지를 메일로 보내서 상담해보는 것은 어떻겠습니까? 대학교수도 교사입니다. 교사인 대학교수라면 틀림없이 성의를 가지고 대응해줄 것입니다. 그리고 유익한 정보를 제공해줄 것입니다. 사실 저의 강연회에 참석했다가 입학 전에 연구실로 면담을 요청하며 찾아온 고등학생이 여럿 있었습니다. 그리고 조에쓰 교육대학에 입학해서 저의 세미나에 소속되었습니다.

물론 대학교수 한 사람만을 선택할 필요는 없습니다. 여러 대학 교수와의 접촉을 통해서 정보를 수집하면 대학 설명회에 참석하는 것보다 훨씬 더 많은 정보를 얻을 수 있으며, 더욱 커다란 동기부여가 됩니다.

단, 수험공부로 바쁜 고등학교 3학년 때가 아니라 1, 2학년 때부터 해야 합니다. 확실한 동기부여가 있으면 수험공부에도 일찍부터 노력하게 됩니다.

/column/

이제 대학은 더이상 '대학'이 아니다

2016년 3월 중앙교육심의회의 '실천적인 직업교육을 실행하기 위한 새로운 고등교육기관의 제도화에 관한 특별부회'는 「사회 · 경제 변화에 따른 인재 수요에 부응하는 수준 높은 직업인 양성을 위한 새로운 고등교육기관의 제도화에 대해서」를 요약했습니다(이 부회의 의사록이 제8회까지는 공개되어 있습니다만, '어떤 이유'에서인지 그 이후는 공개되어 있지 않습니다).

거기서 논의된 내용을 크게 정리해보면 일본 대학의 복선형화(複線型化)가 합의되었습니다.

일본의 교육은 기본적으로 단선형이었습니다.

모든 아이들이 같은 의무교육을 받습니다. 그리고 고등학교 대부분이 일반 고등학교입니다. 또한 모든 대학은 학교교육법의 대학 설치 기준에 따라서 심사를 받습니다. 어느 대학이나 '대학은 대학'인 것입니다. 그런데 서구의 대학은 다릅니다. 중등교육 후반기부터 분명하게 직업교육을 시킨다고 밝히는 학교가 있고, 거기서 배우는 학생도 많습니다. 또한 대학에도 학구적인 대학과, 그것과는 달리 직업교육을 하는 고등교육기관이 있습니다. 사실은 제2차 세계대전 전의 일본도 복선형이었습니다.

앞에서 말한 중앙교육심의회에서 일본의 대학을 학구적인 대학과 직업교육을 실행하는 고등교육기관으로 나누자는 내용이 논의되었고, 합의에 이르렀습니다.

지금까지 이야기해온 것처럼 '노벨상이나 필즈상을 받을 수 있을 만한 인재를 양성하는 대학'인 상위권 대학과, 직업훈련을 하는 '그 이외' 대다수의 대학을 나누는 것이 정책적으로 합의에 이른 것입니다.

제3장에서는 상위권 대학을 노리는 학생을 위한 정보를, 그리고 제4장에서는 그렇지 않은 학생을 위한 진로에 대한 정보를 제공하도록 하겠습니다.

제 3 장

상위권 대학은 이렇게 바뀐다

급격하게 바뀌는 대학 입시제도

이 책을 읽는 분들은 2020년이 어떤 해인지 알고 계시리라 생각합니다. 지금의 대학입시 센터시험이 사라지고, 2020년부터 그것을 대신할 새로운 시험이 시작될 예정입니다.

센터시험과 같은 정도의 큰 제도를 바꾸려고 하면, 당연히 찬성하는 사람과 찬성하지 않는 사람이 나오게 됩니다. 찬성하지 않는 측의 대표 격은 센터시험을 주관하고 있는 독립행정법인 대학입시센터입니다. 새로운 시험을 실시하라는 국민들의 기대를 받고 있는 조직이기 때문에 확실하게 성공을 시켜야만 합니다. 확실하게 성공을 시키기 위해서는 이미 성공을 거둔 제도를 존속시키는 것이 가장 안전합니다. 하지만 그것으로는 안 된다고 생각하는 사람들이 있어서 제도 개혁이 결정되었기 때문에 의견이 갈리는 것은 당연한 일입니다.

일단 대략적인 결론은 나왔습니다. 그런데 그것은 제도를 바꾸고 싶어 하는 사람에게도, 바꾸고 싶어 하지 않는 사람에게도 불만족스러운 어중간한 결론이 되어버리고 말았습니다. 앞으로 문부과학성의 담당자가 어떤 식으로 구체화하느냐에 달려 있습니다.

그런데 센터시험의 개혁에서부터 입시 개혁의 논의가 시작되었지만 이미 그러한 것은 점점 '아무래도 상관없는 일'이 되어가고 있습니다.

물론 센터시험 이후의 새로운 시험은 지금까지와는 다른 모습으로 바뀔 것이며, 그 영향이 클 것이라는 점은 틀림없는 사실입니다. 그러나 그보다 더욱 커다란 변화가 현재 진행 중입니다.

첫 번째로 도쿄 대학을 필두로 한 상위권 대학(문부과학성의 표현에 의하면 '선발성이 높은 대학'*)의 시험이 바뀌고 있기

* 상위권 대학일수록 선발 과정에서 요구하는 것이 많고 까다롭다는 의미.

때문입니다. 만약 상위권 대학이 바뀌면 상위권 대학에 합격시키고 싶어 하는 입시 명문고의 교육도 바뀝니다. 그리고 고등학교 입시가 바뀝니다. 그렇게 되면 그와 같은 입시 명문고에 진학하고 싶어 하는 학생들이 있는 중학교, 즉 일본 중학교의 교육이 바뀔 것이기 때문입니다.

두 번째로 지금까지 이야기한 것처럼 상위권 이외의 대학, 즉 압도적 대다수 대학의 역할이 바뀔 것이기 때문입니다.

세 번째로 일본 사회가 바뀌고 있기 때문입니다.

그렇다면 우선 상위권 대학의 변화부터 살펴보기로 하겠습니다.

도쿄 대학의 추천입시가 시작되었다!

2016년도 입시부터 도쿄 대학에서 추천입학제가 도입되었습니다. 모집 인원은 100명 정도입니다. 그런데 응모자는 몇 명 정도였을까요?

모집 인원 100명 정도에 대해 응모자는 173명이었습니다. 2배수 이하입니다. 그리고 최종 합격자는 77명으로 100명이 아니었습니다.

어째서였을까요?

모집요강에는 각 학부의 '요구되는 학생상', '추천입학자에 대한 교육방침', '추천요건'이 적혀 있는데 미사여구라고 흘려 읽을 수도 있습니다. 그런데 문제가 되는 것은 '학부가 요구하는 서류 · 자료'입니다. 예를 들어 경제학부의 경우는 다음과 같습니다.

각 학부에서 공통으로 요구하는 조사서 등 외에도, 추천요건에 해당된다고 판단할 수 있는 객관적 근거를 제시하는 자료의 제출을 요구하고 있습니다. 예를 들어 다음과 같은 것들입니다.

(1) 수학올림피아드 등 과학올림픽에서 현저한 성적을 거두었음을 나타내는 것.
(2) 영어, 기타 외국어에 관한 어학력 시험(TOEFL, 실용영어기능검정, IELTS, TestDaF, DALF, HSK 등)에서 고득점을 취득했다는 사실을 입증하는 것.
(3) 전국 수준의 대회 · 콩쿠르에서의 입상 기록.
(4) 유학을 포함한 다양한 국제적인 활동으로 그 내용이 제3자에 의해 높이 평가된 것에 대해 그 상세한 내용이나 평가 내용을 기록한 문서※(신문기사 등).

※본인, 소속 학교, 관련 학교 이외의 제3자가 평가한 것. 예를 들어 신문기사화 되었던 사례나 현지의 공공기관으로부터 표창 받은 사례 등. 유학이 아닌 국내에서의 국제적 활동도 포함.

다시 말해서 굉장히 높은 수준의 '스펙'을 요구하고 있는 것입니다. 그것은 갑작스럽게 만들어낼 수 있는 수준의 실적이 아닙니다.

응시자에게 요구되는 압도적인 스펙

도쿄 대학의 추천입학제에 대비하기 위해서는 고등학교 1학년 때부터 경제학과 관계가 있는 전국 수준의 대회 · 논문 콩쿠르에 응모해야 합니다. 그리고 수학올림피아드 등의 과학올림픽에 참가해야 합니다. 그런데 세상에 그런 대회 · 콩쿠르가 있다는 사실을 알고 있는 교사는 그리 많지 않습니다. 하물며 수학올림피아드에 참가하기 위해서는 어떻게 해야 하는지를 알고 있는 교사는 거의 없습니다. 어학 자격을 취득할 것을 조직적으로 권하고 지도하지 않으면 안 됩니다. 유학을 장려하고 유학한 곳에서 어떤 실적을 쌓을 수 있을지를 알고 있어야만 합니다.

이와 같은 사실을 이해한다면 도쿄 대학의 추천입학제에 173명이나 응모했다는 사실이 오히려 놀랍습니다.

도쿄 대학의 추천입학제에 대해서는 많은 분들이 부정적이지만 이것은 반드시 확대될 것입니다. 노벨상이나 필즈상 수상자를 다수 배출한 미국 아이비리그의 오랜 역사 속에서 형성된 입시 방법이기 때문입니다.

아이비리그에서는 고등학교 입학부터 졸업 때까지의 실적을 바탕으로 평가합니다. 그 실적에 일관된 비전이 보이는 학생을 입학시킵니다. 그리고 전담 직원이 제출된 '실적'에 거짓이 없는지를 검토합니다.

일본의 추천입학에서는 성적을 문제 삼지 않는 곳도 있으나 아이비리그의 입시에서는, 일본으로 말하면 대학입시센터 시험에 해당하는 공통 테스트에 응시해야 합니다. 따라서 서류를 완벽하게 제출하지 못했어도 그 테스트 점수와 비교해서 신뢰성을 평가할 수 있습니다. 그리고 그러한 데이터를 축적하고 있습니다.

만약 일본의 고등학교가 이와 같은 추천입학에 응모하려고 한다면 실적이 되는 자격이나 콩쿠르가 무엇인지를 알고 있어야만 합니다. 그리고 그러한 곳에서 실적을 올리기 위한 노하우를 가지고 있어야만 합니다. 또한 고등학교 1학년 때부터 실적을 올릴 수 있는 학생을 입학시켜야만 합니다. 따라서 중학교 3학년 때부터 그런 준비가 되어 있어야만 합니다.

매우 안타까운 일이지만 교사가 5년 정도 근무하면 다른 학교로 이동하는 인사교류가 행해지고 있는 대부분의 공립 고등학교, 중학교에서는 당분간 추천입학제에 대응하기가 거의 불가능할 것입니다.

난해하기 짝이 없는 교토 대학 입시문제

교토 대학의 2016년도 이학부 특색입시*의 첫 번째 문제(121p의 문제)를 우선 살펴봅시다. 이것을 보고 어떤 생각이 드셨습니까? 아마도 이학부의 수학과, 혹은 물리과 출신자 이외에는 눈이 거부할 것이라 생각됩니다. 그리고 이학부의 수학과, 혹은 물리과 출신자라도 당혹스러워하며, 설령 푼다 할지라도 고생을 할 것이라 생각됩니다.

---

* 교토 대학의 추천입시를 말한다.

[문제]

n을 2 이상의 정수라고 하자. 원점 O를 중심으로 한 반지름 1인 원주를 n등분하는 점을 시계방향으로 P_0, P_1, ……, P_{n-1}이라고 하자. 이들 n점에서 무작위로 1점을 고르는 시행을 독립적으로 3회 되풀이하여 3점 P, Q, R을 순서대로 고르자. 단, P, Q, R은 중복을 허용해서 고르고, 어느 n점도 같은 확률로 고르는 것으로 한다. $0 \leqq j, k, l \leqq n-1$에 대해서 P, Q, R이 각각 P_j, P_k, P_i일 확률을 P_{jki}라고 하자. 3점 P_j, P_k, P_i가 서로 다를 때 삼각형 P_j, P_k, P_i의 면적을 S_{jki}라고 한다. 그리고 3점 P_j, P_k, P_i에 중복이 있을 때 $S_{jki}=0$이라고 한다.

$$En = \sum_{j=0}^{n-1}\left\{\sum_{k=0}^{n-1}\left(\sum_{i=0}^{n-1} P_{jki}S_{jki}\right)\right\}$$

라고 한다. En을 구하시오. 그리고 $\lim_{n\to\infty} En$을 구하시오.

하지만 가장 어려운 문제로 화제가 된 것은 세 번째 문제(122p의 문제)였습니다. 이해하기 어려운 기호가 없기 때문에 대부분의 사람들에게는 첫 번째 문제보다 간단하게 보이지만, 수학올림피아드 본선 수준의 문제라고 화제가 되었습니다. 논의해볼 것도 없이 고등학교 수학 수준은 아니라는 점은 명백합니다. 어떤 고등학교에서도 수업시간에 이런 수준의 내용을 다루지는 않습니다. 즉, 이 문제를 풀 수 있는 학생은 수업과는 상관없이 대학의 수학 교과서를 읽고, 이해하고, 문제를 푸는 일에서 성취감을 느끼는 학생인 것입니다.

[문제]

n을 3 이상의 정수라고 하고, k를 자연수라고 하자. 앞뒤가 구별되는 n개의 동전을 준비해서 혼자 다음과 같은 게임을 한다.

- 우선 게임의 초기 상태로 n개의 동전을 원주 위에 같은 간격으로 늘어놓는다. 각 동전은 앞, 혹은 뒤이다.
- 다음의 조작을 몇 번인가 되풀이한다.
  (조작) 늘어놓은 동전 가운데에서 연속하는 k개를 고르고, 고른 동전을 전부 뒤집는다.
- 이 조작을 몇 번 행한 결과 모든 동전을 앞으로 하면 게임은 끝난다.

게임의 초기 상태 예 (흰 동그라미 : 동전의 앞면, 검은 동그라미 : 동전의 뒷면)

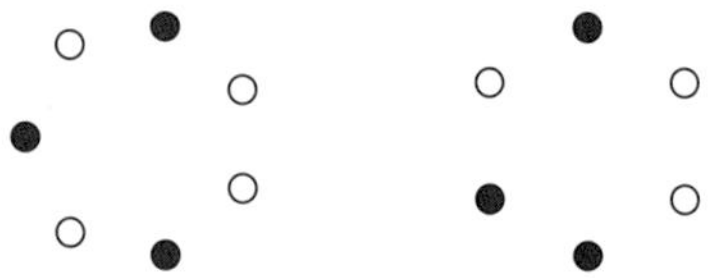

그림 1(n=7) 그림 2(n=6)

다음의 질문에 답하시오.

(1) n=7, k=3이라고 하자. 초기 상태가 그림 1일 때, 이 게임을 끝낼 수 있다는 사실을 나타내시오. 그리고 모든 동전을 앞면으로 할 때까지 필요한 조작의 최소 회수를 구하시오.

(2) n=6, k=3이라고 하자. 초기 상태가 그림 2일 때, 이 게임을 끝낼 수 없다는 사실을 나타내시오.

(3) 어떠한 초기 상태에서도 반드시 이 게임을 끝낼 수 있는 n, k에 관한 필요충분조건을 구하시오.

출처 : 2016년도 교토 대학 이학부 특색입시 문제 첫 번째, 세 번째 문제에서.

교토 대학은 천재만을 뽑는가?

이러한 문제를 풀 수 있을 만한 고등학생을 생각해봅시다.

숫자의 재능에 관해서는 상당히 이른 단계부터 꽃을 피웁니다. 초등학교 무렵부터 블루박스*의 수학책을 읽으며 스스로 고등학교 수준의 문제를 풉니다. 중학생 무렵에는 대학 학부 수준의 해석학이나 대수학을 읽습니다. 한없이 몰입하는 타입입니다. 교토 대학은 특색입시를 통해서 '천재'를 받아들

* 일본의 대형 출판사인 고단샤가 간행하는 자연과학을 주제로 간행하는 신서 시리즈.

이고 싶은 것입니다. 왜냐하면 노벨상이나 필즈상을 받을 수 있을 만한 인재를 양성하는 대학이 되고 싶기 때문입니다.

뛰어난 수재와 고만고만한 수재를 판별하기는 어렵습니다. 정도의 차이이기 때문입니다. 그러나 수재와 천재를 구별하는 것은 비교적 쉬운 일입니다. 수재로서는 생각지도 못할 문제를 천재가 내고, 그 결과를 천재가 판단하면 됩니다. 노벨상이나 필즈상을 획득할 만한 인재를 찾아내기에는 가장 좋은 방법입니다.

2016년도 교토대학 이학부 특색입시의 기본방침은 다음과 같습니다.

본 특색입시에서는 고등학교와 대학교 간의 연계성과 개별 학부의 교육을 받을 수 있는 기초학력을 중시해서,

① 고등학교에서의 학습 행동과 성과의 판정

② 개별 학부에서의 커리큘럼과 교육 코스에서의 적합 능력 판정

을 행하고, ①과 ②의 판정에 더해, 지원자의 고등학교까지의 교육에서 육성된 학습 능력 및 개별 학부의 교육을 받기에 적합한 능력과 함께 학생의 의지를 종합적으로 평가해서 선발합니다.

①에 대해서는 고등학교와 대학교 간의 연계성을 중히 여긴다는 관점에서 고등학교에서의 학습에 대한 행동과 성과를 면밀하게 평가하기 위해 '조사서'에 더해 고등학교장 등이 작성한 '학업활동보고서'를 제출해주시기 바랍니다. 거기에는 제출자의 고등학교 재학 중의 현저한 활동력(예를 들어 수학올림피아드나 국제 과학올림픽 출전, 각종 대회에서의 입상, 교육위원회상, 국제 바칼로레아 디플로마 코스, SAT, TOEFL, TOEIC, 실용영어기능검정의 성적 등)을 기록해서, 지원자가 수험과목 이외에 어떠한 것들을 배워왔는지, 어떠한 활동을 실천해 왔는지를 볼 수 있게 해주십시오. 그리고 지원자가 작성하는 '학업 계획서'를 토대로, 고등학교에서의 활동 내용을 통해 본교에서 무엇을 배우고 싶은지, 졸업 후 어떤 일에 종사하고 싶은지 등과 같은 지원자 스스로의 배움에 대한 의욕과 의지를 서류심사를 통해 평가하겠습니다.

②에 대해서는 학부가 정한 커리큘럼의 내용을 습득하는 데 필요한 기초학력과 개별 학부에서의 교육 코스에 합당한 능력을 중히 여긴다는 관점에서 서류심사에 더해 대학입시센터시험의 성적, 학부별 능력측정고사, 논술시험, 면접시험, 구술시험을 조합해서 실시합니다.

또한 본 특색입시는 문부과학성이 정한 「대학입학자 선발

실시요강」에 준하여 구성되어 있습니다.

(1)「대학입학자 선발실시요강」에서 말하는 '추천입학'은 '출신 학교장의 추천에 의해서 원칙적으로는 학력검사를 면제하고 조사서를 주요 자료로 판정하는 입시방법'으로 '추천서·조사서만으로는 입학 지원자의 능력·적성 등의 판정이 어려운 경우'에 각 대학이 실시하는 검사, 대학입시센터시험의 성적, 자격·검정시험과 같은 성적 등을 지원 자격 조건이나 적정성 판정에 사용한다고 되어 있습니다. 본 특색입시에서는 대학교육을 받는 데 필요한 기초학력을 파악하기 위해 TOEFL iBT와 대학입시센터시험의 성적, 필기검사, 면접시험 등을 행합니다.

(2) 대학입학사정관(Admissions Office) 입시는, 지원자에 대한 출신 고등학교장의 평가가 필요치 않다는 뜻이 아니라, 조사서를 보충하는 학교장 작성의 '학업활동보고서'도 서류심사의 대상으로 합니다. 따라서 '학업활동보고서'의 제출이 필수입니다.

(3) 지원의 기준, 혹은 지원 자격조건에 대해서 조사서의 전체 평정평균치*로 필요한 수치를 정하고, '학업활동보고서'에

---

* 이수한 전과목 점수를 과목 수로 나눈 것. 추천입시에서 중요한 평가 대상이 된다.

는 전체 평정평균치에 바탕을 둔 지원자의 학년에서의 석차를 기재하는 난을 두었습니다.

(4) 대학입시센터시험의 성적은 대부분의 경우 기초학력을 파악하기 위해 이용됩니다.

교토 대학의 입시 역시 도쿄 대학의 추천입학제와 같다는 사실을 알 수 있습니다. 왜냐하면 상위권 대학은 노벨상이나 필즈상을 획득할 만한 인재를 찾아내야만 하기 때문입니다. 그 실적이 있는 것이 미국의 아이비리그 대학이기 때문에 오랜 역사 속에서 만들어온 방법을 참고로 하는 것은 당연한 일입니다.

도쿄 대학의 추천입학제와 마찬가지로 교토 대학의 특색입시에 대해서 대부분의 사람(즉, 일반인)은 부정적이지만, 반드시 확대될 것입니다.

도쿄 대학 입시가 변하고 있다

일반입시도 서서히 변하고 있습니다. 다음 문제는 도쿄 대학의 2016년도 제2차 시험* 외국어의 문제입니다.

과연 답은 무엇일까요? 해답을 내기란 쉬운 일이 아니라고 생각됩니다. 입시 문제의 해답을 인터넷에 올린 예비학교 등도 이 문제에 관해서는 모범해답을 분명하게 적지는 못했습니다. 도쿄 대학도 해답을 발표하지 않았습니다.

* 도쿄 대학의 입시전형은 대학입시센터시험 성적으로 1단계 선발을 하고, 그 합격자에 대해 2차 학력시험을 치러 선발한다.

2 (A) 아래 그림에 대해서 당신의 생각을 서술하시오. 전체 60~80 단어의 영어로 답할 것.

출처 : 2016년도 도쿄 대학 제2차 학력시험문제 외국어에서.

(편집부 주 : 카펫 위에서 자고 있는 고양이와 그것을 잡으려는 듯한 자세의 커다란 사람의 손 사진)

추천입시, 특색입시만이 바뀐 것이 아닙니다. 일반입시도 바뀌어가고 있습니다. 도쿄 대학의 입시 문제는 상당히 오래 전부터 변화하기 시작했는데 최근에 그 변화가 뚜렷해졌습니다.

평가 기준은 '얼마나 노력했는가'

어느 현(문제가 될지 모르기 때문에 현의 이름은 밝히지 않겠습니다)에서 지금까지의 시험과는 다른 형태의 시험을 현 내의 모든 공립고등학교 입시에 도입했습니다. 그 수학문제를 살펴보았는데 교토 대학의 특색입시 정도까지는 아니었지만, 어쨌든 평균적인 중학교 3학년생이 풀 수 있는 문제는 아니었습니다. 모의시험의 점수분포를 살펴보니, 아니나 다를까 수험생(모의시험을 보는 수준의 학생들)의 점수는 만점의 30% 정도 범위 내에서 정규분포를 보이고 있었습니다.

그런데 그 모의시험의 평가 채점 기준을 보고 깜짝 놀랐습니다. 의욕적으로 '풀이했는지', '해답란에 일정 분량 이상의 서술이 있는지', '알아보기 쉬운 글씨로 답했는지' 등과 같은 항목이 있었는데 배점이 상당히 높았습니다. 또한 '설명용 도표가 해답과 부합하고 있는지'도 표현방법으로 평가되고 있었습니다.

즉, 극단적으로 말해서 해답문과 도표를 해답란에 정성스럽게 쓰고 '위의 전제로부터 다음을 생각할 수 있다'라고 쓰기만 해도 만점의 절반 가까운 점수를 얻을 수 있는 것입니다. 그러니까 답을 알지 못하는 문제를 만나서도 포기하지 않고 '노력'하는 모습이 평가받는 것입니다.

물론 현은 채점 기준을 공개하지는 않았습니다. 하지만 시험의 채점에는 수천 명의 고등학교 교사들이 관여하고 있습니다. 앞서 말한 모의시험의 채점 기준은 상당한 정확도가 있다고 저는 믿고 있습니다.

그렇다면 앞에서 예를 든 고양이 문제는 어디에서 점수가 결정되는 걸까요?

앞선 도쿄 대학의 문제에는 분명한 사실이 있습니다. 예를 들어 카펫(크기로 봐서 현관용)에서 자고 있는 고양이와 손가락입니다. 손가락의 크기와 고양이의 크기(카펫과 비교해서 생각해보면 상당히 큰 고양이)로 카메라와 손과 고양이의 대략적인 거리를 알 수 있습니다. 또한 아마도 오른손잡이일 것이라는 사실도 상상해볼 수 있습니다. 위와 같은 사실에 근거해서 자기 나름대로의 논리와 상상을 키워 글을 쓰는 것이 요구됩니다.

앞으로는 이러한 형태의 문제가 늘어날 것입니다. 이런 종류의 문제에는 답을 배우지 않아서 답하지 못했다는 학생을 걸러내는 기능이 있기 때문입니다.

자녀를 상위권 대학이 아닌
지방의 이름 있는 대학에 합격시켜
평범한 인생을 보장받을 수 있게 해주겠다고
생각하는 분도 있을 겁니다.
그런 대학에는 지금까지와 같은 방법으로
합격할 수 있으리라 생각됩니다.
그러나 '평범한 인생을 보장'받을 수 있을지는
장담할 수 없습니다.

어째서 대학입시가 변하는 것일까?

그렇다면 도쿄 대학과 교토 대학은 어째서 입시를 바꾸려 하는 것일까요?

이학부 등 국제적으로 경쟁이 치열한 분야에서는 이른바 수재 정도의 학생으로는 연구 세계에서 상위를 차지할 수 없다는 사실을 알고 있습니다. 하지만 그 외의 학부는 국내가 주요 활동무대입니다. 국내에서라면 도쿄 대학과 교토 대학은 최강의 위치에 있습니다. 바뀌어야 한다는 자극이 없습니다. 그러나 앞으로는 다음과 같은 2가지 이유가 동기가 되어 변화할 것입니다.

첫 번째는 슈퍼글로벌 대학 창성(創成)지원사업입니다. 이는 대학교육을 국제적인 수준과 질로 만든다는 조건에서 대규모 예산을 차등 지급하는 사업입니다. 앞서 이야기한 것과 같은 결과를 내기 위해서 아이비리그 입시를 도입한 것입니다.

두 번째는 국제화에 따른 해외 인재를 적극적으로 고용하려는 흐름입니다.

2015년 4월부터 입국관리법이 바뀌었습니다. 이 개정으로 지금까지는 없었던 '고급 전문직'이라는 분류가 생겨나 그와 같은 직종에 종사하는 외국인이 일본에서 일하기가 쉬워졌습니다. 여기서 말하는 고급 전문직이란 연구자나 경영자나 관리자를 말합니다. 예를 들어 닛산의 사장 카를로스 곤 씨를 생각해보시면 좋을 것입니다.

그러한 사람들은 지금보다 더 다양한 분야에서 일을 할 수 있게 되었습니다. 그리고 현재의 체류 최장기간의 상한선인 5년이 일률적으로 인정됩니다. 영주 허가도 받기 쉬워지면 배우자도 일본에서 일할 수 있습니다. 부모님과 가사도우미도 체류할 수 있게 되며, 입국 · 체류 수속이 우선적으로 처리되게 됩니다. 그리고 3년 동안 일본에서 일하면 어떤 분야의 일도 할 수 있게 되며, 체류기간이 무제한이 됩니다. 즉, 일본인과 같아지는 것입니다.

일본의 일류기업 경영진 가운데 외국인의 이름이 늘어났다는 사실은 이미 알고 계시리라 생각합니다. 그러한 외국인 영입이 더욱 쉬워지는 것입니다.

즉, 도쿄 대학이나 교토 대학의 경쟁자로 싱가포르 국립대학, 홍콩 국립대학, 베이징 국립대학, 서울대학이 대두하기 시작한 것입니다.

상위권 대학의 해외 우수 학생 유치

슈퍼글로벌 대학 창성지원사업을 선정하기 위한 평가기준이 공표되었는데 그 중 다음과 같은 것이 포함되어 있습니다.

교수 가운데 외국인 및 외국 대학에서 학위를 취득한 전임교수 등이 차지하는 비율, 일본인 학생 가운데 유학 경험자가 차지하는 비율, 대학 간 협정에 의한 교류의 수, 일본인 학생의 유학에 대한 지원체제 구축, 외국인 유학생 등의 지원체제 구축, 외국어 수업 과목 수와 그 비율, 외국어만으로 졸업 가능한 과정의 수 등, 일본어 교육의 충실, 학생의 어학 수준 측정 · 파악, 향상을 위한 대처, 유연한 학사(學事) 일정의 설정 유무, 입시에서의 국제 대학 입학자격의 활용, 일본으로 오기 전의 입시, 입학 허가의 실시 등, 입학 허가 때 장학금 지급 여부, 학생 기숙사의 유무, 해외 거점 수 및 개요, 외국인 유학생 OB의 적극적 활용, 외국어에 의한 정보발신 등, 강의안의 영어화 상황 · 비율, TOEFL 등 외부 시험의 학부입시에의 활용, 다면적 입학자 선발 실시.

이것을 보면 상위권 대학들이 유학생의 비율을 높여 국제적인 일본인을 육성하려 한다는 의도를 엿볼 수 있을 것입니다. 하지만 또 하나의 의미가 있습니다. 그것은 일본을 이해하고 일본인과 일할 수 있는 외국인 엘리트를 상위권 대학에서 양성하겠다는 의미입니다. 앞으로 일본의 진학 희망 학생은 국내의 학생들뿐만이 아니라 해외의 학생과도 수험에서 경쟁을 해야 합니다. 그런데 해외에서 오는 학생들은 입시에서 더 우대 받습니다.

즉, 일본의 고등학교가 인재를 양성하지 못한다면 해외 고등학교에서 양성한 학생으로 보충하겠다는 것입니다. 대학뿐만 아니라 고등학교도 방심할 수 없는 상황입니다.

어떤 중·고등학교를 선택해야 하는가?

만약 상위권 대학의 입시가 아이비리그 입시 방식처럼 되어 있다면, 상위권 대학에 입학시키기 위한 고등학교의 선택 기준은 해외 대학으로의 진학 실적입니다.

해마다 도쿄 대학의 합격자 수가 주간지의 지면을 장식하는데 앞으로는 해외 대학으로의 진학 실적에 주목해야 할 것입니다. 예를 들어 입시 명문고로 유명한 가이세이(開成) 고등학교는 일찍부터 해외 대학의 합격 실적을 발표하기 시작했습니다(해외 대학으로의 진학을 위한 대책이 아니라, 결과로서의 합격 실적에만 주목해주십시오. 과정이 아니라 결과입니다).

또한 시부야 교육학원 시부야 중학교 · 고등학교와 시부야 교육학원 마쿠하리 중학교 · 고등학교도 일찍부터 해외 대학으로의 진학에 힘을 쓰기 시작했습니다. 해외 상위권 대학은 TOEFL에서도 120점 만점에 100점 이상을 요구하고 있습니다. 도쿄 대학 학생의 평균점은 대략 80점입니다.

TOEFL은 일본의 공립학교 영어교육이나 실용영어기능검정에서 요구하고 있는 수준과는 달리 보다 깊은 사고력을 요구하는 문제가 출제되고 있습니다. 단독으로 영어 단어, 문법 지식을 묻는 문제는 없습니다. 전부 어느 정도 길이가 있는 글을 읽거나 듣고 답하는 형식입니다. 또한 가장 커다란 특징은 기능통합형 문제라는 점입니다. '읽고 듣고 쓰기', '듣고 말하기' 문제가 있습니다. 단순한 지식이 아니라 정보를 정리해서 언어화하고 이해하기 쉽게 표현할 수 있는 능력이 요구됩니다. 테스트 시간은 4시간 반 정도로 체력도 필요합니다.

또한 가장 차이가 나는 것은 어휘입니다. 출제되는 영어 문장은 영어권 대학의《○○학 개론》정도에 해당하는 수준입니다. 일본의 학교에서 가르치고 있는 영어의 수준을 훨씬 뛰어넘는 것입니다. 그리고 듣기 평가는 거의 일상적인 속도로 말하며 양도 많습니다. 쓰기에서는 300단어의 영어 문장을 써야만 합니다. 말하기도 1분 가까이 계속 스피치할 것이 요구됩니다.

이 정도의 영어 실력은 벼락치기로는 불가능합니다. 애초부터 일본의 평균적인 공립학교의 영어교육과는 근본적으로 다릅니다. 앞에서 예로 든 사립학교는 중 · 고등학교 일관교(一貫校)*임을 활용해서 6년에 걸쳐 일본의 공립학교 영어교육과는 전혀 다른 수업을 하고 있습니다.

* 중학교와 고등학교를 같은 학교에서 일관되게 배우는 교육제도.

대입 수험에 토플을 요구할 가능성이 있다

일본 상위권 대학의 입시도 점점 바뀌고 있습니다. 머지않아 도쿄 대학이나 교토 대학도 TOEFL 100점 이상을 수험 자격으로 요구할 가능성이 있습니다. 실제로 중앙교육심의회가 2014년 12월에 발표한 「새로운 시대에 부합하는 고등학교·대학교의 연속 실현을 향한 고등학교 교육, 대학교육, 대학 입학생 선발의 일체적 개혁에 대해서」라는 답신에 "영어의 네 가지 기능을 측정하는 자격·검정시험의 활발한 활용을 촉진해야 한다"는 말이 있습니다. 구체적으로는 「바람직한 영어교육에 관한 전문가 회의 보고서」(2014년 9월 26일)를 참조하는 내용이 적혀 있습니다. 그 보고서에는 "일본인 영어 능력의 현재 상황과 일본인 학생의 해외 유학을 촉진한다는 점을 생각해서 대학입시 센터시험 및 개별 대학입시에 있어서의 영어 시험을 폐지하고 네 가지 기능을 보다 정확하게 측정하는 영어 자격 · 검정시험으로 대체해야 한다는 지적이 있었다"고 적혀 있습니다. 상위권 대학이 TOEFL을 활용하는 데 대한 허가권이 주어진 것이나 다를 바 없는 셈입니다. 만약 상위권 대학이 TOEFL의 점수를 수험 자격으로 삼는다면 많은 고등학생들이 대학의 문 근처에도 가보지 못하게 될 것입니다.

그렇다고 중 · 고 일관교라면 가능할까요? 문부과학성이 발표한 2014년의 「고등학교 교육 개혁에 관한 진척상황」에 의하면 2013년도 중 · 고 일관교(중등교육학교, 병설형, 연결형)의 합계는 450개 교입니다. 그 가운데 공립이 184개 교, 사립이 261개 교, 국립은 5개 교입니다. 지방 도시에 있는 중 · 고 일관교는 공립뿐이라고 생각합니다. 안타깝게도 공립 중 · 고 일관교는 사립 중 · 고 일관교에 비해 훨씬 더 대응이 늦어지고 있습니다. 이유는 공립의 경우는 중 · 고 일관교 내에서의 인사이동이 아닌, 지방자치단체 내의 전체 학교를 대상으로 인사이동이 이루어지고 있기 때문입니다. 극단적으로 말하면 교육 환경이 뒤떨어지는 학교에서 중·고 일관교로 이동하는 경우도 있고, 반대의 경우도 있습니다.

교사는 현재 근무 중인 학교의 학생들을 위한 교육에 집중합니다. 5, 6년 만에 이동하는 공립의 교사들과 수십 년 동안 한곳에서 근무하는 사립 교사 사이에, 해외 진학에 관한 노하우의 축적은 하늘과 땅만큼의 차이가 발생합니다.

그렇다면 지방 도시에 살고 있는 사람은 어떻게 해야 할까요? 학부모가 스스로 대비하는 수밖에 없습니다. 구체적으로는 TOEFL 등에 대한 대책을 세우시기를 권합니다.

대학의 역할과 가치가 급변하고 있다

앞에서 도쿄 대학, 교토 대학 입시의 새로운 경향을 소개했습니다. 아마도 도쿄 대학에 준하는 대학은 그 방향으로 나아갈 것입니다. 그렇다면 그 이외의 대학, 즉 일본의 압도적 대다수를 차지하는 대학의 입시는 어떻게 될까요?

결론부터 말하면 크게 변하지는 않을 것이라 생각됩니다.

문부과학성은 대학에 대해서, 그 대학의 설치 목적에 1대 1로 대응하는 입시방법을 도입하라고 요구할 것입니다. 그러나 대학은 여러 가지 이유를 들어 그렇게 하지 않을 것이라 생각됩니다.

첫 번째 이유는 앞서 소개한 입시 전형에는 노력과 시간과 예산이 필요하기 때문입니다. 오해를 무릅쓰고 얘기하자면, 일본의 입시는 대학교수들이 교육활동 중에 짬짬이 시간을 내어 담당하고 있는 것이 실태입니다. 적어도 입시 전형만을 전문으로 하는 교원은 거의 없습니다. 지금의 대학은 예산부족으로 어려움을 겪고 있기에 그러한 일에 신경을 쓸 여유가 없기 때문입니다.

두 번째 이유는, 혁신적인 입시를 해도 상위권 대학에는 우수한 수험생들이 몰립니다. 그러나 그 이외의 대학에서 혁신적인 입시제도를 도입하면 수험생들이 외면을 하고 맙니다. 수험생과 학부모는 확실하게 합격할 수 있는 대학을 고등학교 교사에게 요구합니다. 그런데 앞서 이야기한 것과 같은 혁신적인 입시의 경우, 현재의 고등학교 교사들은 합격을 보장할 수 없습니다. 따라서 혁신적인 입시를 시행하는 대학은 권하지 않습니다. 만약 지원자가 줄면 공립대학에게는 타격이 되며, 사립대학에게 있어서는 치명적입니다.

이 책을 읽는 독자 중에는 자녀를 도쿄 대학을 필두로 하는 상위권 대학이 아니라 그 지역의 대학이나 대도시의 이름 있는 사립대학에 합격시켜 평범한 인생을 보장받을 수 있게 해주겠다고 생각하는 분도 있을 겁니다.

그런 대학에는 지금까지와 같은 방법으로 합격할 수 있으리라 생각됩니다. 그러나 앞서 이야기한 것처럼 '평범한 인생을 보장'받을 수 있을지는 장담할 수 없습니다.

/column/

'자신만의 독자적인 목표'야말로 승리의 비결

스티븐 킹의 저서 가운데《롱 워크》라는 스릴러 소설이 있습니다. 군사정권이 지배하고 있는 가공의 미국에서 해마다 한 번씩 100명의 소년들이 참가하는 롱 워크라는 게임이 열립니다.

룰은 단순해서 오로지 계속해서 걷기만을 요구합니다. 만약 걷기를 멈추면 사살당합니다. 마지막 승자는 원하는 것을 무엇이든 얻을 수 있습니다. 하지만 99명은 목숨을 잃습니다. 이 얘기는 일본 아이들에게도 적용됩니다.

아이들은 초등학교(아니, 유치원) 때부터 도쿄 대학 법학부, 의학부라는 목표를 향해 열심히 공부합니다. 하지만 지금의 학교 공부에서는 잘하는 아이와 못하는 아이가 있습니다. 처음에는 지적 장애가 있는 아이가 탈락합니다. 초등학교 고학년 산수에서 탈락하는 아이도 있을 것입니다. 고등학교 입시 단계에서 경쟁이 격화되고 서열이 분명해짐에 따라 여기서 대량으로 탈락하게 됩니다.

지방의 상위권 고등학교에는 중학교에서 상위권이었던 아이들만 모여듭니다. 그런데 진학해서 자신이 상위권이 아니라는 사실을 이해하지 못하고 탈락하는 아이가 있습니다. 대학입시 단계에서 경쟁이 격화되어 서열이 분명해지면서 또 대량으로 탈락합니다. 그렇게 해서 대부분의 학생들은 탈락하고 극소수만이 도쿄 대학 법학부, 의학부에 합격해서 칭찬을 듣습니다.

그런데 이 경쟁은 대학 입학으로 끝나는 것이 아닙니다. 대학 교육에서는 입시 때와는 다른 종류의 것을 묻습니다. 탈락하는 학생이 생길 것입니다. 취직할 때에도 경쟁이 벌어집니다. 취직한 뒤에도 경쟁입니다. 설령 그 기업에서 승승장구한다 할지라도 그 기업이 속한 업계가 존속하지 못하면 파산해버리고 맙니다.

《롱 워크》와 비슷하지 않습니까?

그럼 어떻게 하면 좋을까요?

결론은 그와 같은 게임에 참가하지 않으면 됩니다. 모두가 목표로 하는 것에 뛰어들어 경쟁하는 한 패배할 가능성이 높아집니다. 만약 주위 사람들이 깨닫지 못하고 있는, 자신만의 독자적인 목표를 발견한다면, 그리고 그때그때의 상황에 맞춰 유연하게 목표를 설정해 나간다면 그 아이는 자신의 인생에서 백전백승을 실현할 수 있을 것입니다.

제 4 장

우리 아이를 살아남게 하기 위해서는

살아남기 위한 능력

일본의 역사에서 모든 것들이 한꺼번에 격변해버린 시대가 있었습니다. 가까이로는 메이지유신과 제2차 세계대전 후의 민주화가 있었습니다. 그러한 시대에는 지금까지 가치가 있다고 여겨졌던 것이 폭락하는 경우가 있으며, 반대로 별로 가치를 인정받지 못했던 것의 가치가 급등하는 경우도 있습니다. 전자에 매달리는 사람은 몰락하고, 후자를 찾아내는 사람은 대성공을 거둡니다.

이 책을 읽고 계시는 분들은 우리 시대에 가치 있는 것이라 여겨졌던 것이 무엇인지를 알고 있으며, 그것을 획득한 분들 아닐까요? 그리고 자녀들에게도 그 가치 있는 것을 획득케 해서, 여유 있고 안정된 삶을 보장받게 해주어야겠다고 생각하고 있습니다.

하지만 주의하시기 바랍니다. 앞으로 몇 십 년 동안은 메이지 유신이나 제2차 세계대전 후의 민주화에 필적할 만한 대변화의 시대가 될 것입니다. 우리 시대에 가치 있는 것이라고 인정받았던 많은 것들의 가치가 폭락할 것입니다. 그것은 학력에 관해서도 마찬가지입니다.

오랜 시간 고생을 해가며 수험공부를 한 결과로 얻은 학력의 가치가 떨어진다니 믿기 어려우실 것입니다. 사실은 10년쯤 전부터 그런 현상이 일어나고 있었습니다. 그런데 부모 세대가 그것을 직접 경험하지는 못했습니다. 그렇기 때문에 그것을 실감하지 못하는 것입니다. 그리고 교육공무원 세계에 몸담고 있는 교사들도 그것을 알지 못합니다. 그런 부모와 교사들이 과거의 가치관을 아이들에게 전달하고 있는 것입니다. 무시무시한 일입니다. 지금까지의 각 장에서는 그런 이야기들을 해왔습니다.

하지만 반대로 생각하면 기회이기도 합니다. 많은 사람들이 폭락할 가치를 필사적으로 추구하고 있다는 것은, 앞으로 폭락하지 않을 가치로 아직 시선을 돌리지 않았다는 말이기도 합니다. 그렇기 때문에 그것을 얻기 위한 경쟁은 치열하지 않습니다.

사실 이번 장에서 이야기하려는 것에 대해서는 여러분도 잘 알고 계시리라 생각합니다. 하지만 그것은 흥미로운 에피소드이거나, 극단적인 얘기여서 그냥 흘려들었을 것이라 생각합니다. 그러나 그것은 일본이 저출산 고령화 사회로 돌입해가는 커다란 흐름 가운데서 일어나는 불가피한 흐름인 것입니다.

인공지능 진화의 충격

2016년 인공지능 알파고가 현재 최강의 기사로 알려진 한국의 이세돌 9단과의 바둑 대결에서 이겼습니다. 1997년에 체스로, 2013년에 장기로 인공지능은 인간 프로에게 승리를 거두었으나 바둑에서 인공지능이 승리를 거두려면 시간이 걸릴 것이라 생각해왔습니다.

그 이유는 1수에서 종국까지의 수순이 체스는 10의 120제곱, 장기는 10의 220제곱인 데 비해 바둑은 10의 360제곱이라고 예상되기 때문입니다. 그런데 딥러닝이라는 새로운 기술을 바탕으로 그것을 뛰어넘었습니다. 인간이 배우는 것처럼 컴퓨터도 배웁니다. 단, 속도가 다릅니다. 인간이 평생에 걸쳐서도 체험할 수 없는 대국의 수를 단시간에 경험할 수 있습니다.

제1차 산업, 제2차 산업, 제3차 산업 어디에나 '오랜 세월 동안의 경험이 핵심'이 되는 일이 있습니다. 예를 들어 보르도 와인이 장래에 어느 정도의 가격이 될지를 예상하는 일도 그렇습니다. 항공권의 가격을 어느 정도로 설정할 수 있을지를 예상하는 것도 그렇습니다. 클릭 수가 많은 웹사이트를 만드는 것도 그렇습니다. 정부가 투옥이 범죄를 줄일지, 오히려 재범률을 높일지를 판단할 때는 여러 전문가들과 논의해서 결정할 것입니다. 보통의 의사라면 놓치지 쉬운, 그다지 잘 알려지지 않은 병을 경험이 풍부한 의사가 발견하여 치료하는 것도 그렇습니다(미국의 드라마 '닥터 하우스' 등이 그 전형적인 예입니다).

이안 에어스(Ian Ayres)는 《그 수학이 전략을 결정한다》라는 책에서 위와 같은 일들은 데이터 마이닝으로 컴퓨터가 가르쳐줄 수 있다는 사실을 보여주었습니다. 앞으로 인공지능과 결합하면 정확도가 더욱 높아질 것입니다.

다시 말해서 숙련자가 젊은이에게 "이 일은 경험이 중요하다"고 말하는 분야에서는 인공지능을 이길 수가 없는 것입니다. 왜냐하면 인공지능은 한 사람이 평생에 걸쳐서 경험할 수 있는 것의 몇 만, 몇 천만, 몇 억 배까지도 경험할 수 있기 때문입니다.

일자리를 빼앗기는 것은 막을 수가 없다

상위권 대학의 뒤를 잇고 있는 대학을 생각해보시기 바랍니다. 편차치로 말하면 60 정도의 대학입니다. 일류라 부를 수 있는 대학입니다. 그 대학을 졸업한 뒤 취직을 했을 때 어떤 일을 하게 될지 생각해보시기 바랍니다. 인공지능이나 새로운 기술에 빼앗길 염려가 없는 일이라고 장담하실 수 있겠습니까?

호시 신이치의 단편 SF 〈하늘로 가는 문〉(《어서 오십시오, 지구 씨》에 수록) 가운데 이런 이야기가 있습니다. 어느 세계에서는 우주 비행사가 엘리트 중의 엘리트입니다. 지적으로도 육체적으로도 치열한 시험을 통과한 사람만이 우주 비행사를 배출하는 대학의 학과에 입학할 수 있습니다. 입학 후에도 유혹에 굴복한 사람들은 여지없이 탈락합니다. 소설의 주인공은 그 경쟁에서 살아남은 사람입니다. 우주비행사 이외에 의미 있는 직업은 없으며, 다른 직업은 지적으로도 육체적으로도 열등한 사람으로밖에 생각하지 않습니다. 우주비행사에 대한 그의 열의는 매우 강해서 오랜 기간 유혹에도 넘어가지 않고 모든 것을 바쳐왔습니다.

아카데미 졸업 때 우주비행사 코스와는 다른 공학관련 코스로 방향을 잡은 지인이 졸업 발표를 하는 것을 보게 되었습니다. 주인공은 우주비행사도 되지 못하는 2류, 3류에 불과한 인간의 발표지만 심심풀이 삼아 들어보자, 생각하고 들어봤습니다. 발표는 마지막 결론을 향해가고 있었습니다. 발표자는 다음과 같은 말로 발표를 마무리 지었습니다. "이상과 같은 아이디어를 바탕으로 제작된 우주선은 지금까지처럼 특수능력을 가진 승무원을 더 이상 필요로 하지 않습니다. 어떤 평범한 사람이라 할지라도 아무런 불편 없이, 위험도 느끼지 않고 조작 · 운전이 가능합니다."

이야기는 그것으로 끝입니다. 하지만 주인공은 '나는 지금까지 뭘 한 거지?'라고 생각했을 것입니다.

예전에는 회사가 어려울 때 구조조정을 단행했습니다. 지금은 회사의 실적이 좋을 때도 구조조정을 합니다. 실질적으로 종신고용이 무너졌다는 사실은 앞서도 이야기한 바 있습니다. 인공지능이 머지않아 사람의 일자리를 빼앗을 것이라고 저'도' 생각하고 있습니다. 그리고 그런 때가 곧 올 것이라는 사실은 피할 수 없다고 생각합니다.

그 시기는 언제일까요? 아마도 자녀가 중년이나 그 즈음에 접어들 때쯤이 될 것이라고 생각합니다. 어쩌면 그보다 훨씬 더 앞당겨질지도 모릅니다.

인공지능에게 빼앗기지 않는 직업

인공지능 · 로봇의 시대에도 살아남는 직업은 아마도 2가지 유형일 것이라고 거론되고 있습니다(마쓰오 유타카《인공지능이 인간을 넘어설까》).

첫 번째는 빅데이터를 이용할 수 없는, 과거에 비슷한 사례가 없는 과제에 대한 해답을 내는 일입니다. 예를 들어 인공지능이 바둑에서 인간을 이길 수 있었던 것은 과거의 방대한 기보(대국 기록)라는 데이터가 있었기 때문입니다. 그것이 없으면 인공지능은 학습할 수가 없습니다. 하지만 노벨상이나 필즈상은 과거 데이터의 축적만으로는 해결할 수 없습니다. '영감'이 필요합니다. 인공지능에게 이는 불가능한 일입니다. 단, 이것은 천재들에게 해당되는 것이지 일반인과는 관계가 없습니다. 상위권 대학에 들어가는 사람 가운데도 극히 일부에게만 해당되는 것입니다. 따라서 상위권 대학 출신자를 포함해 거의 대부분의 사람과 관계 있는 것은 다음과 같은 두 번째 능력입니다.

두 번째는 개개인의 취향에 맞춰 '그 사람'을 상대로 하는 서비스를 창출하는 일.

단, 데이터를 축적하기 쉽고 또 그것을 바탕으로 한 수익성이 높은 서비스 분야에서는 인공지능을 이길 수 없습니다. 예를 들어 브라질 최대의 항공사인 TAM 항공은 탑승객이 좀 더 흥미를 갖고 읽을 수 있는 기내 잡지 만들기에 착수했습니다. TAM 항공에서는 온라인 예약을 할 때 고객에게 페이스북 아이디로 로그인하도록 해서 그 정보(사진, '좋아요!' 클릭 상황, 친구 등)를 분석, 그 내용을 바탕으로 고객이 흥미를 갖고 있는 내용을 기내 잡지 기사로 삼습니다. 예를 들어 페이스북 정보를 통해서 어느 승객이 한 축구팀의 팬이라는 사실을 알아냈다면, 그 팀의 정보를 가득 실은 기내 잡지를 만들 수 있습니다. 이 기내 잡지는 승객들이 가져갈 확률이 100%나 되는 인기를 자랑하고 있습니다. 항공회사 수익의 많은 부분을 차지하고 있는 것이 단골입니다. 이 서비스로 단골이 늘어나면 수익도 대폭으로 늘어나게 됩니다.

그렇다면 압도적 대다수인 평범한 사람들은 앞으로 어떤 일에 승부를 걸면 좋을까요?

데이터 수집이 불가능하거나 많은 시간이 걸리고, 또 고객이 한정되어 있어 대기업이 뛰어들지 않는 틈새시장이 좋지 않을까 생각합니다.

어떤 사람이 살아남는가?

제가 알고 있는 어떤 사람에 대해 이야기해보겠습니다.

저는 대학에서 예산을 받아 그것으로 연구에 사용할 기기를 주문합니다. 그때는 모 가전양판점의 M 씨에게 주문을 합니다. 그 금액은 최소 100만 엔, 많을 때는 500만 엔 이상입니다. 그렇다면 저는 어째서 M 씨하고만 거래를 하고 있는 걸까요?

M 씨와는 10년 이상이나 거래를 해왔는데 제가 구입한 기기는 전부 M 씨가 납품했습니다. 그렇기 때문에 지금까지

무엇을 납품했는지 M 씨는 그 정보를 가지고 있습니다. 그리고 각종 기기에 제가 어떤 옵션을 요구했는가 하는 정보도 가지고 있습니다. 따라서 기기에 이상이 있을 때 전화를 걸면 적확하게 충고를 해주며 학교로 와서 설정을 해줍니다. 또한 "이런 기기 없나?"라고 말하면 제가 원하는 기종을 제안해줍니다. 상당히 고마운 일입니다. 그렇기 때문에 M 씨에게 부탁을 하게 됩니다.

제가 컴퓨터, 비디오, IC리코더에 무엇을 요구하고 있는가 하는 정보는 페이스북의 정보로는 얻을 수 없습니다. 다시 말해서 데이터 수집이 어렵습니다. 그리고 저에 관한 정보 수집을 위해 인공지능을 활용하는 일에 대기업이 뛰어들 리도 없습니다.

물론 아무리 정보를 가지고 있다 할지라도 인간으로서 신뢰할 수 없다고 판단된다면 다른 사람과 거래를 합니다. 오랜 세월에 걸친 경험으로 저는 M 씨를 신뢰하고 있습니다. 만약 M 씨가 그 가전양판점을 퇴직하고 독립한다면 저는 그 가전양판점이 아니라 M 씨와 거래를 계속할 것입니다. 앞으로 고령화 사회가 되어 컴퓨터의 설정을 두려워하는 사람들이 많아지면 M 씨와 같은 일은 성장 비즈니스라고 할 수 있을 것입니다.

한편 의사, 변호사, 건축가, 회계사 등의 지적인 직업에 종사하는 사람들도 '사람과 사람 사이의 미묘한 관계에 정통해야 한다. 왜냐하면 디지털화가 가능한 것은 전부 훨씬 더 유능하거나, 가격이 싸거나, 혹은 그 양쪽 모두를 갖추고 있는 생산자에게 아웃소싱할 수 있기 때문'(토머스 프리드먼《세계는 평평하다》)입니다.

앞으로 몇 십 년 동안은
메이지 유신이나 제2차 세계대전 후의
민주화에 필적할 만한
대변화의 시대가 될 것입니다.
우리 시대에 가치 있는 것이라고 인정받았던
많은 것들의 가치가 폭락할 것입니다.
그것은 학력에 관해서도 마찬가지입니다.

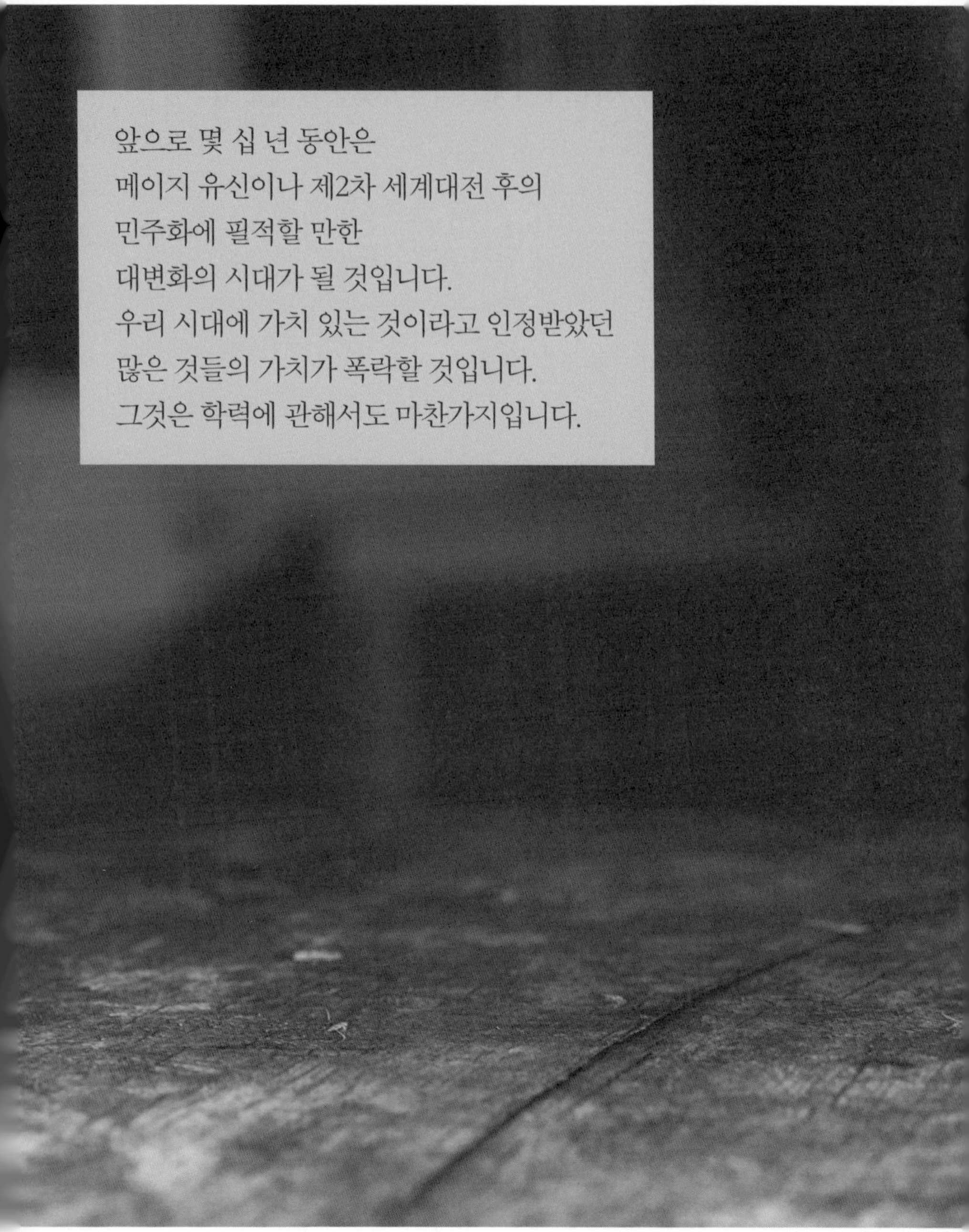

자격증은 장래를 보장하지 않습니다

자녀의 장래를 보장해준다면 자격증을 따게 해야겠다고 생각하시는 분도 계실 것입니다. 하지만 이것은 옳은 생각일까요?

지금으로부터 약 40년 전에 저는 고등학교 3학년생이었습니다. 그 시절의 수험 잡지를 보면 고수입 직종의 선두에 치과의사가 있었습니다. 당연히 치의학부의 인기도 높아서 대학에 따라서는 편차치 70대인 곳도 있었습니다. 하지만 요즘 치과의사의 연수입은 아주 평범한 샐러리맨 수준입니다.

지역에 따라서는 연수입이 그보다 적은 곳도 있습니다. 어째서일까요?

그것은 40년 전과 비교해서 치과의사의 숫자가 3배 정도 늘어난 데 비해 인구는 거의 증가하지 않아 치과의사 1인당 환자 수가 3분의 1로 줄었기 때문입니다. 단순 계산으로 수입도 3분의 1이 되었습니다. 덕분에 예전에는 2주일 전에 예약을 해야 했지만 지금은 바로 진료를 받을 수 있습니다. 어쨌든 편차치 70인 학부에 들어갔는데 수입이 샐러리맨 수준이라니 '사기'라고 말하고 싶어질 것입니다.

비슷한 상황이 변호사에게서도 일어나고 있습니다. 새로운 사법시험제도가 개시되어 합격자가 급증했기에 수요와 공급의 균형이 무너져버리고 말았습니다. 젊은 변호사는 일이 없어서 샐러리맨 이하의 수입인 경우도 적지 않습니다.

비슷한 일이 여러 가지 '사'자 직업에서 일어나고 있습니다.

2000년에 공인회계사는 1만 6656명이었는데 2015년에는 3만 4680명으로 2배 이상 늘었습니다. 행정서사는 2005년에 3만 8105명이었는데 2015년에는 4만 4740명으로 증가했습니다. 사회보험 노무사는 2005년에 2만 6460명이었는데 2014년에는 3만 8878명이 되었습니다. 세무사도 2005

년에 6만 9243명이었는데 2014년에는 7만 5146명이 되었습니다. 분야는 약간 다릅니다만 접골원의 수는 2002년에는 2만 5975개 점포에서 2012년에는 4만 2431개 점포로 급증했습니다.

문부과학성의 홈페이지를 살펴보면 '신설 대학 등의 정보'가 공개되어 있습니다. 그것을 살펴보면 비슷한 학부 · 학과의 이름이 많다는 사실을 쉽게 알 수 있습니다. 특정 직업인을 양성하는 학부 · 학과의 이름이 많다는 것은, 현재 수요에 비해 공급이 부족해 급히 보충하지 않으면 안 된다는 의미일 것입니다. 그 대학의 안내에는, 지금 그 직업의 수요는 많고 공급은 부족하다는 사실이 적혀 있을 것입니다. 그것은 사실입니다.

하지만 사람은 신선식품과는 달라서 오래도록 살아 남습니다. 마침내 수요와 공급의 균형이 맞게 되었다 할지라도 그 시점에서 학부 · 학과를 폐지하는 대학은 없을 것입니다. 수요와 공급의 균형이 맞지 않는다는 사실을 깨닫고 수험생들이 응시하기를 그만둘 때까지 학부 · 학과는 존속하며 졸업생을 세상에 내놓을 것입니다. 결과적으로 공급과잉이 됩니다. 그 사람들이 퇴직하기까지의 30~40년 동안은 공급과잉 상태가 지속됩니다.

게다가 앞서 말한 '사'자 직업은 전부 인터넷에 점점 잠식당하고 있습니다(토머스 프리드먼《세계는 평평하다》). 그리고 위와 같은 것들은 전부 빅데이터를 쉽게 얻을 수 있는 일입니다. 그렇기 때문에 인공지능 · 로봇으로 대체할 수 있는 일입니다.

'의사마저도?'라고 생각하실지도 모르겠습니다. 아마도 우리들 마음속에 그런 인식이 남아 있는 한 의사가 인공지능 · 로봇으로 완전히 대체될 일은 없을 것입니다. 하지만 단기 종합정밀검진을 생각해보시기 바랍니다. 정밀검진을 받는 사람은 각종 진찰 장소를 컨베이어 시스템처럼 순서에 따라서 이동합니다. 거기에 의사는 없고 간호사나 의료관련 기사들만 있습니다. 그 부분은 인공지능 · 로봇으로 대체될 수 있지 않을까요? 그리고 마지막으로 의사가 모든 데이터를 바탕으로 판단을 내리는 것입니다. 만약 그와 같은 일이 실현된다면 병원에서 대기하는 시간은 훨씬 줄어들 것입니다. 그리고 필요한 의사도 훨씬 적어질 것입니다.

'설마~'라고 생각하실지 모르겠습니다. 하지만 여러분의 자녀가 40세, 50세가 되는 미래를 생각해보시기 바랍니다. 그렇게 되지 않을 것이라고 예상하는 편이 더 부자연스럽지 않을까요?

그렇다면 '사'자 직업은 전부 인공지능 · 로봇으로 대체될까요? 저는 그렇게 생각하지 않습니다. 예를 들어 병 때문에 괴로운 심정을 호소하고 싶은 환자는 인공지능이 아니라 '사람'에게 호소하고 싶어 할 것입니다. 그것도 신뢰관계가 있는 사람에게 털어놓고 싶어 하지 않을까요? 길고 괴로운 치료를 받도록 설득할 수 있는 것은 신뢰관계가 있는 '사람'이라고 생각합니다. 의사를 비롯한 '사'자 직업 중에서도 쉽게 수집할 수 없는 데이터를 바탕으로 '개개인'에 대해서 서비스를 제공할 줄 아는 사람만이 살아남을 것입니다.

이러한 암울한 미래에 비해서 현재 의학부의 편차치는 너무 높다고 생각지 않으십니까? 저라면 자녀에게 권하지 않을 것입니다.

비정규직으로 고용되어도 살아남으려면

제1장에서 이야기한 것처럼 첫 직장을 얻은 사람 가운데 약 40%가 비정규직 고용입니다. 그 사람들은 연수입 170만 엔으로 일생을 살아가야 합니다.

이는 민간 기업뿐만이 아닙니다. 지방에서 취직할 수 있는 직업 가운데 안정된 직업이라면 지방자치단체 공무원이 대표적이라고 할 수 있습니다. 그런데 뜻밖에도 공무원은 안정된 직업이 아닙니다.

지방자치단체 공무원의 정규직원은 약 280만 명이고 비정규직원은 약 60만 명입니다. 비정규직원의 비율이 약 20% 정도입니다. 기초자치단체의 지방공무원으로 한정하면 정규직원은 약 125만 명이고 비정규직원은 약 48만 명입니다. 비정규직원의 비율이 약 40%입니다(「2012년 지방공공단체 정원 관리 조사 결과」(총무성) 및 「2012년 임시 · 비상근직원에 관한 조사 결과」(총무성)). 웃지 못할 이야기입니다만, 취직을 도와주고 있는 공공직업상담소 직원의 절반 이상이 비정규직입니다.

급여로 말하자면 상근직인 일반행정직 지방공무원의 평균 연봉은 약 624만 엔으로 추계되고 있습니다. 하지만 비상근 직원의 급여는 연봉 기준으로 4분의 1에서 3분의 1 정도로 추산되고 있습니다(간바야시 요지, 《비정규 공무원의 현재, 심화되는 격차》).

그렇다면 어떻게 해야 살아남을 수 있을까요?

1950년대부터 시작되었던 고도경제 성장기는 붕괴되었습니다. 따라서 고도경제 성장에 맞춘 지금의 생활방식은 바뀌지 않으면 안 됩니다. 구체적으로는 고도경제 성장기 이전의 생활방식으로 되돌아가야 한다고 저는 생각하고 있습니다.

옛날 생활 방식으로 돌아간다

예로부터 "혼자보다는 결혼해서 둘이 사는 게 낫다"는 말이 있습니다. 남자든 여자든 부부가 되어 함께 일하면 연간 약 340만 엔(170만 엔×2)의 수입이 됩니다. 하지만 맞벌이를 하면 자녀를 돌보기가 힘듭니다. 만약 아이를 민간 보육원에 맡기면 그 부담도 무거운 것이 됩니다. 그렇기 때문에 어린 아이는 부부의 부모에게 양육을 부탁합니다. 그것도 부부 각각의 부모에게 부탁합니다. 그렇게 해서 부모의 연금과 합산한 수입으로 생활하는 것입니다. 옛날 대가족 중심의 생활과 비슷합니다.

위와 같은 생활이 성립되려면 부부의 출신지가 가까워야 합니다. 그렇다면 초등학교 · 중학교는 건전한 남녀교제를 통한 만남의 장이라는 의미를 갖게 됩니다(우스갯소리가 아니라 저는 진지하게 생각하고 있습니다). 무리해서 억지로 대학에 입학시킬 필요는 없습니다. 어차피 앞으로는 비정규직 고용이 점점 늘어날 것입니다. 비정규직으로 일하며 자녀를 대학에 진학시킨다는 것 자체가 무리입니다. 자녀는 고등학교를 졸업하면 몇 년 뒤에 결혼합니다. 그리고 다시 자녀를 낳습니다. 고학력화가 진행되면 출생률이 떨어진다고 알려져 있습니다. 반대로 말해서 고졸자가 늘어나면 출생률이 높아질 것이라고 기대할 수 있습니다.

국립 사회보장 · 인구문제 연구소의 제14회 「출생 동향 기본 조사 · 결혼과 출산에 관한 전국 조사 · 독신자 조사」(2010년)에 의하면 독신에 머물고 있는 가장 큰 이유는 '적당한 상대를 만나지 못해서'였습니다. 그리고 희망하는 결혼 상대의 나이는 동갑이 가장 많은데, 그런 경향은 해마다 증가하고 있습니다. 1~2살까지의 나이 차이를 포함하면 남녀 모두 전체의 절반을 넘습니다.

또한 전업주부를 희망하는 비율은 매해 줄고 있는데 여성의 경우는 20%, 남성의 경우는 10%입니다. 그리고 희망하거나 바람직하다고 생각하는 여성의 생활 형태로는 자녀양육과 일의 병행을 남녀 모두가 희망하고 있습니다.

다시 말해서 앞에서 말한 대가족 중심의 생활방식이 바람직한 미래라고 말할 수 있을 것입니다.

또 하나 중요한 일이 있습니다. 그것은 부부가 백년해로하는 것입니다.

여러분은 자신의 연금이 어떻게 될지 걱정일 것입니다. 자녀 세대에는 더욱 걱정이 될 것이라 쉽게 상상해볼 수 있습니다. 그 연금이 이혼으로 남녀 모두에게 반토막이 되어버리면 남편과 아내 모두 노년파산에 도달하게 됩니다.

해고당하지 않는 방법

"기린도 나이 먹으면 둔한 말에 뒤진다"는 속담이 있습니다. 이는 어떤 사람이든 피해갈 수 없는 현실입니다. 종신고용이 지켜지던 시대에는 둔한 말에 뒤져도 보호를 받았습니다. 보호받을 것을 기대할 수 있었기에 젊은 기린 시절에 열심히 일해서 성과를 낸 것입니다.

하지만 앞으로의 시대에서는 나이 들어서도 월급 이상으로 일하기를 바랄 것입니다. 그 기대에 부응하지 못하면 해고당합니다. 중장년의 재취업이 어려워지는 것은 앞으로도 마찬가지입니다.

그렇다면 어떻게 해야 해고당하지 않을까요?

젊은이들이 필요로 하는 사람은 해고당하지 않습니다. 실례가 되는 표현일지 모르겠으나 고용자 입장에서 보자면 끼워팔기 상품 같은 것입니다. '저 사람이 있으면 직장의 분위기가 좋아진다', '저 사람이 한마디 하면 일이 잘 마무리 지어진다', 그런 사람은 해고당하지 않습니다. 같은 직장의 나이 차이가 있는 젊은 사람들과 좋은 관계를 유지할 수 있는 사람이 살아남는 것입니다.

한편 '저 사람이 있으면 직장의 분위기가 나빠진다', '저 사람이 한마디 하면 잘 마무리되려던 일도 꼬이게 된다', 그런 사람은 해고당합니다.

중소기업청의 중소기업백서(2011년판)에 의하면 기업(중소기업뿐만 아니라 대기업도 포함해서)은 사업을 시작한 지 약 10년 안에 30%가 파산합니다. 약 20년 안에 절반이 파산합니다. 대기업도 안심할 수는 없습니다. 샤프, 파나소닉, 소니, 유니클로, 일본 맥도널드를 생각해보시기 바랍니다.

지금의 정년은 60세이지만 점점 65세로 옮겨가고 있습니다. 연금지급 개시 연령이 높아졌기 때문입니다. 앞으로는 한 단계 더 올라갈 가능성도 적지 않습니다. 그렇게 되면 정년은

70세나 75세가 되기 때문에 자녀 세대에는 처음 일하기 시작해서 퇴직하기까지 50년 이상 일을 해야 합니다.

해고당해도 살아남기 위해서는

마크 그래노베터(Mark Granovetter)라는 미국의 사회학자가 실직한 사람이 재취업하기 위한 유효한 정보를 어디서 얻었는지를 조사했습니다. 그 결과 가족이나 친구가 아니라 얕은 인간관계를 맺고 있는 사람으로부터 얻은 정보가 중요했다는 사실이 밝혀졌습니다.

뜻밖의 결과라 생각될지 모르겠으나 조금 생각해보면 당연한 일입니다. 가족이나 친구가 가지고 있는 정보는 자신이 가지고 있는 정보와 겹치는 부분이 많습니다. 다시 말해서 재

취업으로 이어질 만한 새로운 정보를 가지고 있을 가능성이 낮은 것입니다. 또한 가족이나 친구의 숫자는 한정되어 있으나 얕고 넓은 인간관계에 있는 사람의 숫자는 훨씬 더 많습니다. 따라서 다양한 정보를 많이 얻을 수 있습니다.

만약 재취업하지 못했다고 해봅시다. 생활에 어려움을 겪고 있다면 어떻게 하는 것이 좋을까요? 국가로부터 생활보호를 받을 필요가 있습니다. 그러나 일본에는 생활보호를 받지 않고 굶어죽거나 노숙 생활을 하다 얼어 죽는 사람들이 있습니다. 어째서일까요?

그것은 생활보호라는 제도를 모르기 때문입니다. 뜻밖이라고 생각하실지 모르겠지만 생활보호를 학교 교육에서 자세히 가르치고 있을까요? 설령 알고 있다 할지라도 수속을 어디서 해야 하는지, 또 생활보호를 받기 위해 필요한 4가지 조건은 무엇인지 학교에서 배울 수 있을까요?

생활보호를 받기 위해서는 복지사무소에 가서 4가지 조건을 충족하고 있다는 사실을 설명해야 합니다. 그런데 오랜 실직 기간을 겪다보면 무기력해지고 자기 효능감이 떨어져 설명할 수 없게 됩니다. 그와 같은 사람들이 굶어죽거나 얼어 죽는 것입니다. 그리고 그 사람들은 종신고용이 무너진 지금의 사회에서는 더욱 늘어날 위험성이 높습니다.

따라서 실직하게 되면 일자리를 소개해줄 만한 사람과 관계를 맺어야만 합니다. 생활이 어려워지면 복지사무소에 가서 함께 설명을 해줄 만한 사람과 관계를 맺고 있어야 합니다. 그렇다면 아이들이 그와 같은 사람과 관계를 맺을 수 있도록 조직적으로 보장할 수 있는 장소는 어디일까요? 학교입니다. 아니, 학교밖에 없다고도 할 수 있습니다.

자신의 상황을 떠올려보시기 바랍니다. 취직한 후에 사귄 사람의 대부분은 같은 직장에 있는 사람일 것입니다. 그러나 회사가 파산하면 그 사람들도 마찬가지로 형편이 어려워지기 때문에 남을 돌아볼 여유가 없습니다. 그렇기 때문에 취직 전의 인적 네트워크가 열쇠가 됩니다.

/column/

살아남기 위한 능력을 획득하자

앞으로의 사회는 크게 변화할 것입니다. 그러나 그 가운데서도 가치를 계속 인정받는 것도 있을 것입니다. 예를 들어서 수학(數學)이 그렇습니다. 이론물리학이나 경제학도 마찬가지일 것입니다.

연구의 세계에는 선배 연구자들이 이끌어낸 틀과 방법으로 그들이 남긴 틈새를 메우는 것이 전부인 2류, 3류의 연구도 있습니다. 앞으로 그러한 것들은 인공지능이 메울 수 있을 것입니다. 그러나 노벨상이나 필즈상에 필적할 만한 연구를 인공지능이 할 수는 없을 것이라고 생각합니다(생각하고 싶습니다). 앞으로도 일류 중의 일류에 해당하는 연구는 높은 평가를 얻어, 노벨상이나 필즈상을 수상하는 사람은 생활에 어려움이 없을 것입니다.

또한 인공지능에 의한 멋진 연주가 가능하진 시대에도

인간의 연주는 높게 평가받을 것입니다. 아르헤리치(Martha Argerich)*나 리흐테르(Rikhter)**나 리파티(Dinu Lipatti)***를 인공지능이 완벽하게 따라하는 것은 가능해질 것입니다. 그러나 아르헤리치나 리흐테르나 리파티와는 다른, 그 사람만의 인생에서 배어나오는 연주는 높은 평가를 얻을 것입니다. 그런 사람이 쇼팽 국제 피아노콩쿠르에서 우승할 것입니다.

따라서 장래에 노벨상, 필즈상, 쇼팽 국제 피아노콩쿠르에서 1위를 수상할 만한 아이들은 이 책에서 얘기하는 내용과 전혀 관계가 없습니다.

이 책을 읽고 계신 분들의 자녀는 재능이 풍부하고 공부도 잘하는 아이일 것이라 생각합니다. 진학률이 좋은 명문 고등학교에 재학하고 있을지도 모릅니다. 하지만 초등학생 때부터 대학 학부 수준의 수학이나 물리학 책을 읽었습니까? 초등학교 무렵부터 해외의 일류 연주자로부터 천재라는 말을 들었습니까? 그렇지 않다면 이 책에서 이야기한 내용과 관계가 있습니다.

상위권 대학에 진학해서 일류기업에 간부 후보생으로 채

---

* 아르헨티나 출신의 피아니스트

** 러시아의 피아니스트

*** 루마니아의 피아니스트

용되었다 할지라도 안심할 수 없습니다. 그 기업의 장래를 결정하는 것은 당신의 자녀가 아닙니다. 실례의 말씀일지 모르겠으나 기업의 장래를 결정하는 분들은 나이가 많습니다(기린도 나이 먹으면 둔한 말에 뒤진다). 살아남기 위한 능력은 스스로가 획득해야 합니다.

제 5 장

우리 아이를 지키기 위한 전략

우리 아이를 지키기 위해서

이번 장에서는 우리 아이를 지키기 위해 어떠한 것에 주의를 기울여야 하는지에 대해 이야기해보겠습니다. 단, 두 가지 사실을 이해해주셨으면 합니다.

첫째, 앞서 이야기한 것처럼 자녀가 수학올림피아드에서 입상한 경력이 있다거나, 쇼팽 국제 피아노콩쿠르에서 수상한 경험이 있는 천재로, 그것을 증명할 만한 실적이 있다면 이것을 읽으실 필요는 없습니다. 그와 같은 자녀는 다른 생각 말고 지금의 재능을 키워주기만 하면 됩니다.

하지만 압도적 대다수의 분들은 그렇지가 않습니다. 그런 분들께는 관계가 있습니다.

둘째, 대박이라 할 수 있는 선택은 가르쳐드릴 수가 없습니다. 만약 일본이 지금부터 성장해나갈 나라라면 그것을 가르쳐드릴 수도 있을 것입니다. 그러나 그것은 기대할 수 없습니다. 이번 세기 말까지 일본의 인구는 3분의 2로 줄어들고 65세 이상 인구가 늘어날 것입니다. 일본의 국내총생산의 대부분은 국내 시장에 의존하고 있습니다. 그렇기 때문에 일본은 성장하지 못합니다.

그렇다면 여기서 무슨 말을 하고 싶은 걸까요? 최악의 선택, 기대와는 동떨어진 선택이 무엇인지를 이야기해보려 합니다. 절대 해서는 안 되는 것만은 분명히 알 수 있습니다. 그것은 '단순한 과거의 학력 모델을 믿는 행동'입니다.

과거의 학력 모델을 맹신하지 않고, 당신과 자녀가 새로운 가치관을 가지고 있다면 앞으로의 일본은 경제적으로는 발전하기 어려울 테지만, 참된 행복을 획득할 수 있는 나라가 될 것입니다. 저는 일본의 미래는 밝다고 생각하고 있습니다.

지방의 서비스업은 살아남는다

고도경제 성장기의 일본에서 자녀는 학교를 졸업하면 풍요로운 생활을 찾아서 대도시로 나가 직장을 구했습니다. 그러나 지금의 대도시는 풍요로운 생활을 보장해주지 않습니다. 잠시 생각해보기로 합시다. 일본의 국내총생산의 대부분을 지탱하고 있는 것은 제3차 산업, 즉 서비스업입니다. 서비스를 필요로 하는 고령자가 상대적으로 많고 서비스를 제공하는 연령이 상대적으로 적은 것은 대도시와 지방 중 어느 쪽일까요? 누가 봐도 지방입니다. 물론 인구가 적은 곳에서는 산업 자체가 성립되지 않을 것입니다. 하지만 10만 명 규모의 지방도시에는 대도시보다 일자리가 많습니다.

언뜻 여유가 있어 보이는 대기업도 실상은 비정규직 고용이 많은 수를 차지하는 경우가 있습니다. 대기업의 유가증권 보고서에서는 비정규직 고용의 비율을 보고하고 있습니다. 예를 들어 NTT도코모* 31.4%, 이토추 상사 22.3%, 간사이 전력 26.2%, 미쓰비시 중공업 16.9%, 이온 66.1%, 스미토모 상사 22.1%……입니다.

지방에는 그 지역에 뿌리를 내려 절대로 사라지지 않을 직업이 있습니다. 예를 들어 버스 회사가 그렇습니다. 수익성이 높지 않기 때문에 대기업이 참여해서 경쟁할 가능성은 없습니다. 앞으로 고령자가 많아지면 수요가 늘어날 것입니다. 안타깝게도 의욕이 느껴지지 않는 버스 회사도 있습니다만, 고객이 어떤 노선, 어떤 운행 상태를 원하는지를 조사해서 거기에 맞는 서비스를 제공하는 일 등을 생각해볼 수 있습니다. 소형 택시를 함께 이용해서 틈새를 공략하는 등의 일도 있습니다. 그러한 방법 등을 생각해내서 실적을 올리고 있는 버스 회사도 있습니다.

---

* 일본 최대의 이동통신 사업자.

상품을 취급하는 기업은 경쟁이 점점 치열해지고 있습니다. 상품은 광범위한 지역으로의 이동이 가능하기 때문입니다. 그러나 서비스를 인터넷으로 주문하기란 거의 불가능합니다. 그렇기 때문에 서비스는 광범위한 지역의 경쟁에서 벗어날 수 있습니다(토머스 프리드먼《세계는 평평하다》).

또한 특정 분야의 틈새상품, 롱테일* 상품을 다루는 기업도 광범위한 지역에서의 경쟁에서 벗어날 수 있습니다. 예전 같으면 그런 직업은 존재할 수 없었지만 요즘은 인터넷의 발달로 가능하게 되었습니다. 지방에는 '이 상품에 한해서는 세계 점유율이 50%'나 되는 기업도 있습니다.

---

* 핵심적인 소수보다 주목받지 못하는 다수가 더 큰 가치를 창출하는 것.

지방에서의 승리를 노리자!

글로벌이 인기를 얻고 있는 시대이지만 대부분의 자녀들의 장래를 보장하는 것은 지방입니다. 단, 제가 말하는 글로벌이란 해외와 거래를 한다는 의미가 아닙니다. 불특정 다수의 고객과 가격 · 상품의 질로 승부하는 것이 글로벌입니다.

한편 지방에서의 고객은 특정되어 있습니다. 예를 들어 해외를 상대로 하는 상품이라 할지라도 그것이 특정 분야의 상품, 롱테일 상품이라면 그 고객은 특정됩니다. 그 고객과 인간관계를 맺고, 그 고객의 요구를 항상 받아들일 수 있는 기업이 살아남는 것입니다.

그와 같은 특정한 고객과 관계를 맺어 상품이나 가격이 아닌, 바로 '그 사람'과 거래를 하고 싶어 하는 관계를 쌓는 사람이 지방의 승리자가 될 것입니다. 저는 그런 사람들을 '로컬 엘리트'라고 부르고 싶습니다. 예를 들어 앞서 이야기한 것처럼 TOEFL의 영어 능력은 앞으로 인공지능으로 대체할 수 있습니다. 그러나 해외의 고객과 관계를 맺어 상품이나 가격이 아니라, 바로 '그 사람'과 거래를 하고 싶어 하는 관계를 쌓는 사람은 계속해서 살아남을 것입니다.

그런 사람은 극히 드뭅니다. 하지만 인간관계를 쌓는 사람, 맺는 사람은 살아남을 수 있습니다. 예를 들어 대인관계에 어려움이 있는 사람이라도 로컬 엘리트와 연결되면 걱정할 것 없습니다.

다시 말하면 학급에서 글로벌 엘리트가 되는 것은 몇 명이면 충분합니다. 그 한 사람이 상위권 대학에 진학하는 것입니다. 그리고 반에서 5명은 실무형 대학에 진학하고 로컬 엘리트로 성장합니다. 그 로컬 엘리트들이 종업원 10명 정도의 회사를 창업해서 서로 손을 잡는 것입니다. 나머지 20여 명은 실무형 고등학교에 진학해서 지방에서 생활하는 것입니다. 배우자는 중학교 때까지 봐두었다가 고등학교 졸업 후에 결혼을 합니다. 마침내 자녀가 태어나 양가 부모님과 함께 의지하며 살아가는 것입니다.

어쨌든 앞으로의 일본은 고도경제 성장기와는 달리 상대적으로 팍팍한 생활이 요구됩니다. 비정규직 고용인이 살아남기 위해서는 지방에서 결혼해서 3대, 4대가 함께 생활할 필요가 있다고 이야기했습니다. 그러나 그것은 정규직 고용인에게도 해당되는 말입니다. 정규직 고용인으로 그와 같은 생활을 한다면 경제적으로도 안정되고 정서적으로도 풍요로운 생활을 할 수 있습니다.

지역사회야말로 종신고용을 보장한다?

인력파견회사의 알선 수수료에 대해서 알고 계십니까? 인력을 파견한 회사로부터 받은 임금의 상당 부분을 파견회사가 공제하고 파견사원에게 건네주는 것입니다. 파견회사도 회사입니다. 이익이 없으면 기업은 성립되지 않습니다. 하지만 파견사원의 고용을 보장하는 것이 아님에도 불구하고 수수료가 30%를 넘는다면 문제입니다.

그렇다면 인구 10만 명 정도의 소도시에서도 파견회사를 운영할 수 있을까요?

소도시에서는 사람을 필요로 하는 회사의 인사 담당자와 파견사원이 먼 친척일지도 모릅니다. 중학교의 선배, 후배일지도 모릅니다. 그렇게 되면 파견을 받은 회사가 얼마를 지불했고 파견사원이 얼마를 받았는지에 대한 정보가 곧바로 알려집니다. 가령 파견을 받은 회사가 20만 엔을 지불했는데 파견사원은 15만 엔밖에 받지 못했다면 17만 5000엔에 직접 고용관계를 맺으면 양쪽 모두에게 득이 됩니다. 또한 알선 수수료가 너무 비싸면 그 소문이 지역에 퍼집니다. 그 파견회사에 등록하는 사람은 사라지고 악명만이 남을 것입니다. 동창회에도 얼굴을 내밀 수 없게 되고 이웃 사람들도 곱지 않은 시선으로 바라볼 것입니다.

이와 같은 사실을 생각해본다면 파견회사는 익명성이 높은 대도시이기 때문에 존재할 수 있는 것이라는 사실을 알 수 있습니다.

그렇다면 익명성이 낮은 지방에서 살아남기 위해 필요한 것은 무엇일까요?

그것은 인간관계입니다. 나이를 먹을수록 기술력은 저하돼도 인간관계를 유지하고 긴밀해지는 것은 가능합니다. 지방이라면 인간관계를 분명하게 쌓아나갈 수 있습니다.

애플 사의 시리(Siri)라는 소프트웨어를 사용해보신 분들이 적지 않으리라 생각합니다. 그것을 사용하는 모습을 본 분들은 더욱 많을 것입니다. 지금은 영어의 네 가지 기능이 중시되고 있습니다. 토플이나 토익 점수가 대학입시나 입사시험에서도 중요시되고 있습니다. 토플이나 토익 점수가 높다는 이유만으로 입학할 수 있는 대학도 생겨날 것입니다. 기업 내의 승진에서는 이미 토플·토익의 고득점이 필수요건인 기업도 있습니다. 하지만 그것이 언제까지 계속될까요? 인공지능이 영어 능력을 대신한다 할지라도 영어를 통해서 키워온 인간관계는 살아남습니다. 기업은 종신고용을 보장할 수 없을지 모릅니다. 그러나 지역사회는 종신고용을 보장할 수 있습니다.

프리 에이전트의 시대

다니엘 핑크는 《프리 에이전트의 시대가 오고 있다》라는 책에서 그와 같은 비정규 고용자들을 프리 에이전트라고 불렀습니다. 그리고 미래 사회에서 확대될 고용형태라고 말했습니다.

핑크에 의하면 프리 에이전트는 '프리랜서', '임시직 사원', '미니 기업가'의 3가지로 분류된다고 합니다.

프리랜서란 '특정 조직에 고용되지 않고 여러 가지 프로젝트를 옮겨다니며 자신의 서비스를 파는' 사람입니다. 옛날 가요 가운데 '식칼 한 자루 무명천에 감싸고 여행을 나서는 것도 요리사의 수업'이라는 가사가 있는데 예전의 떠돌이 기술자가 프리랜서에 해당합니다.

임시직 사원은 일본의 파견사원에 해당합니다. 단, 고급 기술을 갖고 있는 임시직 사원은 높은 임금을 받기 때문에 프리랜서와의 차이가 거의 없어져가고 있습니다.

미니 기업가는 벤처기업의 사장을 떠올리면 될 것입니다.

핑크에 의하면 미국 내의 프리랜서는 1650만 명, 임시 사원은 350만 명, 미니 기업가는 1300만 명으로 합계 3300만 명, 국내 취업자의 거의 4분의 1에 이를 것으로 추정되고 있습니다.

그렇다면 어째서 이처럼 새로운 고용형태가 확산된 것일까요? 핑크는 4가지 이유를 들었습니다.

첫째는 기업의 '가족적 온정주의'가 붕괴되었다는 점입니다. IBM은 오랜 기간 일본식 종신고용을 채택해 왔습니다. 그러나 그것을 유지할 수 없게 되어 대량 해고자를 만들어냈습니다.

둘째는 인터넷의 발달로 개인이 보다 쉽게 지식을 소유할 수 있게 되었습니다. 지식 생산자가 '식칼 한 자루'로 살아갈 수 있게 된 것입니다.

셋째는 풍요로운 사회가 되어 자유와 삶의 보람을 추구하게 되었습니다.

넷째는 기업의 수명이 짧아져 계속 조직에 소속되어 있고 싶어도 조직이 없어지는 시대가 되어버렸기 때문입니다.

이상의 4가지는 지금 일본이 돌입하려 하고 있는 사회의 모습 그대로입니다.

무의미한 욕망에 휘둘리지 말자

앨빈 토플러의《부의 미래》라는 책이 있습니다. 저는 단순한 생각으로, 앞으로 투자해야 할 것은 무엇인지, 즉 돈을 벌기 위해서는 어떻게 하는 것이 좋을지를 알아볼 생각으로 읽기 시작했습니다. 그런데 전혀 다른 곳으로 이끌어주었습니다.

한마디로 말하면 '한 사람 한 사람이 자기 나름대로의 부의 기준을 갖게 되면 무한정으로 부를 늘릴 수 있다'는 것입니다.

간단한 예로 설명해보겠습니다. 돈이 필요하다고 생각하시지요? 하지만 돈에 가치가 있는 것은 자신이 갖고 싶은 것을 살 수 있기 때문입니다. 그렇다면 무엇을 갖고 싶은 것일까요? 예를 들어 다이아몬드 반지를 갖고 싶다고 칩시다. 하지만 우리 중 몇 퍼센트가 반지에 박혀 있는 돌이 다이아몬드인지 유리인지를 구별할 수 있을까요? 한 병에 수십만 엔 하는 와인이 있습니다. 하지만 우리들 중 몇 퍼센트 정도가 천 엔짜리 와인과의 차이를 판별할 수 있을까요?

집에 대해서 생각해봅시다. 베르사유 궁전 정도의 자택이 있다면 어떤 점이 좋을까요? 건평 30평과 40평이 있다면 40평 쪽이 좋은 걸까요? 그렇다면 어째서인지요?

이런 식으로 생각해나갔을 때 자신에게 있어서 참으로 필요한 것, 갖고 싶은 것은 무엇일까요?

또한 사장이나 교장이 되는 것이 행복일까요?

어쨌든 사회에서 말하는 '행복'을 깊이 생각해서 자기 나름대로의 행복을 생각해본다면 많은 사람들이 애쓰지 않고도 '부'를 획득할 수 있습니다.

예전의 부는 농산물이나 공업제품이었습니다. 유한한 것입니다. 그것을 서로가 빼앗으려 하기 때문에 희소성이 발생합니다. 그러나 서로 빼앗으려 하지 않으면 희소성은 떨어집니다. 게다가 현재의 부는 '물건'이 아니라 '지식'으로 이동했습니다. 그 부를 실감하고 있는 사람이 적지 않습니다. 왜냐하면 그와 같은 부를 느끼고 있는 사람들이 인터넷에 넘쳐나도록 무료 정보를 제공하고 있기 때문입니다.

지금 존재하는 일의 대부분은 사라지고
아이들은 앞으로 '지금은 존재하지 않는 일'에
종사하게 될 것입니다.
하지만 지금 존재하는 일 가운데서 살아남는 일도
결국은 사양산업입니다.

명확한 미래상을 갖게 하는 교육을

교육도 마찬가지입니다. 도대체 대학에 가는 것이 왜 좋은 것일까요? 또한 편차치가 높은 대학에 가는 것이 좋은 일일까요? 물론 좋은 점도 있습니다. 하지만 그것을 진지하게 생각한 뒤 진로를 결정하는 수험생이 얼마나 될까요? 일단 모의시험을 보고 그 편차치에 따라 대학을 고르는 사람들이 대부분 아닐까요? 자신이 공부하고 싶은 것이 무엇인지를 알고, 그것을 전문으로 하는 대학교수는 누구인가 하는 수준에서 대학을 선택하는 수험생은 어느 정도나 있을까요?

학생들 잘못이 아닙니다. 진로지도를 하는 선생님 가운데 이러한 수준으로 진로지도를 하고 있는 사람이 얼마나 될까요? 일단 모의시험을 보게 한 뒤, 그 결과에 따라 지원할 대학을 선택하게 하는 것이 진로지도라고 생각하는 분들이 많지 않을까요? 진로지도 때 "대학에서 무엇을 배우고 싶지?"라고 물은 뒤, 그 분야에서 누가 어떤 연구를 하고 있는지 생각하게 하는 진로지도 선생님은 얼마나 있을까요?

하지만 선생님 잘못이 아닙니다. 전국 학력테스트에 일희일비하고 도쿄 대학의 입학자 수를 늘릴 것을 요구하는 교육행정이 있습니다. 그러나 교육행정이 잘못된 것이 아닙니다. 학부모가 그런 수준에서 자녀의 진로를 생각하고 있기 때문입니다.

예전에 온천마을 근처 학교에서 근무한 적이 있는 선생님으로부터 재미있는 이야기를 들었습니다. 그 학교에서는 재미있고 알기 쉽게 공부를 가르치면 학부모들로부터 불만이 터져 나온다는 것이었습니다.

처음에는 귀를 의심했습니다. 하지만 그 이유를 듣고 납득할 수 있었습니다. 즉, 공부가 재미있어지면 대학에 가기를 원하게 됩니다. 대학에 가면 고향으로 돌아오지 않게 됩니다. 부모는 자녀를 자기 여관의 후계자로 키우고 있기 때문에 자녀가 떠나면 곤란하다는 이유였습니다.

그런 미래를 바라는 것이 아이들이 아니라 부모라는 점이 문제이기는 합니다만, 어쨌든 편차치가 높은 대학에 진학시키기를 희망하는 부모보다는 명확한 비전이 있다고 말할 수 있습니다. 그와 같은 비전을 아이들에게 심어주는 교육이 필요합니다. 우리는 '부'라는 것을 다시 한 번 생각해봐야 하는 시기에 와 있습니다.

행복의 창조

토마 피케티의 《21세기 자본》라는 책이 잘 팔리고 있습니다. 발매 직후부터 폭발적인 인기를 얻고 있습니다. 어째서 이렇게 인기를 얻고 있는 걸까요? 그것은 많은 사람들이 가지고 있는 구시대의 가치관에 잘 맞기 때문입니다. 사실은 우리의 대부분이 구시대의 가치관에서 벗어나지 못한 채 살아가고 있는 것입니다.

그의 주장은 현재의 시스템에서는 부가 일부에 집중되어 버린다는 것입니다. 그것을 바로잡기 위해서는 세제의 개혁이 필요하다, 간단히 말하자면 그런 내용입니다. 그러나 실현될 것 같지는 않다는 생각이 듭니다. 하지만 다른 해소방법은 있을 듯합니다.

예를 들어 부자들 사회에서 포케몬 카드가 귀하게 여겨지고 있다고 합시다. 그런데 빌 게이츠는 2억 장의 포케몬 카드를 가지고 있습니다. 앞으로 부자와 일반인이 보유하고 있는 포케몬 카드 숫자의 차이가 더욱 벌어질 것이라는 데이터가 분명해졌다고 합시다. 이 이야기를 듣고 어떤 생각이 드셨습니까? 설령 그것이 사실이라 할지라도 '바보 아니야?'라며 웃어넘기고 말 것입니다.

그렇다면 어째서 피케티의 책은 인기를 얻고 있으며 포켓몬 카드 이야기는 한심하게 들리는지? 그것은 우리가 돈에는 가치가 있다고 생각하고, 포케몬 카드에는 그 정도의 가치가 없다고 생각하고 있기 때문입니다(가치가 있다고 생각하는 어린이들도 많긴 하지만……).

다음으로 이것을 한번 생각해보시기 바랍니다. 당신에게 있어서 행복을 느낄 수 있는 금액은 얼마입니까? 베르사유 궁전 정도의 집을 가지고 있어도 별 의미는 없을 것입니다. 수십만 엔짜리 와인을 마셔도 그렇게 맛있다고는 느끼지 못할 것입니다. 그렇다면 행복하려면 얼마가 필요할까요?

그리고 당신에게 있어서 행복의 조건은 무엇입니까?

제가 살고 있는 조에쓰 시에는 부자 순위에 항상 이름을 올리는 의사가 있습니다. 저희 집 식구들도 신세를 지고 있는 분입니다. 하지만 그 선생님처럼 되고 싶다고 생각한 적은 없었습니다. 왜냐하면 그 선생님은 돌보아야 할 환자가 어마어마하게 많아서 쉴 시간이 없기 때문입니다. 환자를 위해서 늘 자신을 희생하시는 선생님이십니다. 제게는 불가능한 일입니다.

당신에게 있어서 행복의 조건은 무엇입니까?

만약 우리 모두가 한 사람 한 사람 각자만의 개성적인 행복의 차원을 가지고 있다고 합시다. 그리고 한 사람 한 사람이 보기에 부자의 돈이 포케몬 카드처럼 보인다고 합시다. 그래도 부자는 계속해서 부를 축적할까요? 오히려 그것을 사회에 환원함으로써 얻는 '감사'나 '존경'이라는 부를 깨닫게 될지도 모릅니다.

구시대의 지배층은 자신이 가지고 있는 부를 가지고 그것으로 대중을 지배하려고 했습니다. 우리는 거기에서 벗어나 자신만의 부를 창조해야 합니다. 지배자가 되고 싶어 하는 것은 부자들만이 아닙니다. 다름 아니라 교사들도 그렇습니다. "이건 시험에 나온다", "내신에 영향을 준다"며 아이들을 컨

트롤하고 있지 않은지요?

하지만 고학력이 모든 사람들에게 참된 행복인 것일까요? 우리는 많은 아이들에게서 배웁니다. 공부를 잘한다, 운동을 잘한다는 단순한 차원으로 행복을 측정할 수 있다고 생각하게 하면 불행한 아이들이 생기게 됩니다. 예를 들어 몸이 불편한 아이에게 달리기를 잘하는 것이 좋은 것이라고 생각하게 한다면, 출구는 어디에도 없습니다.

지금 존재하는 일의 대부분은 사라지고 아이들은 앞으로 '지금은 존재하지 않는 일'에 종사하게 될 것입니다. 이러한 정보가 나돌기 시작하면 대부분 사람들의 반응은 '그렇다면 지금 존재하는 일 중에서 살아남는 것은 무엇일까?'를 알고 싶어 합니다. 하지만 그것은 옳지 않습니다. 지금 존재하는 일 가운데서 살아남는 일도 결국은 사양산업입니다. 그리고 낡은 생각을 가지고 있는 사람(즉, 대부분의 사람)들이 그것은 좋은 일이라고 생각하기 때문에 경쟁도 치열해집니다. 따라서 올바른 반응은, '지금은 존재하지 않는 일은 무엇일까'를 생각하는 것입니다. 그리고 아이들에게 지금 없는 일을 창출해 낼 능력을 키워주어야 할 것입니다.

거기에는 두 가지 종류가 있습니다. 하나는 모든 사람들이 부러워할 만한 새로운 직업을 만들어내는 사람입니다. 그것을 만들어내면 커다란 산업이 생겨납니다. 정부는 그와 같은 인재를 기르기 위해 필사의 노력을 기울이고 있습니다. 그러나 그것은 일부 천재들만이 가능한 일입니다.

그렇다면 압도적 대다수의 사람들은 무엇을 하면 좋을까요?

그것은 '그 사람 외에는 하겠다고 생각하는 사람이 없는 일'입니다. 큰돈을 벌 수는 없습니다. 하지만 일정한 수요가 있어서 인터넷 판매를 하면 생활은 가능한 일입니다. 틀림없이 그런 일에 인공지능이나 로봇은 참가하지 않을 것입니다. 그리고 그런 일을 하고 있는 사람들이 팀을 이루면 위험부담도 줄어들 것입니다.

하지만 이 방식은 지금의 많은 사람들에게는 매력적이지 않습니다. 왜냐하면 큰돈을 벌 수 없기 때문입니다. 하지만 큰돈을 벌려고 하면 경쟁이 치열하고 인공지능이나 로봇에게 일을 빼앗기게 됩니다. 그러니 큰돈을 벌겠다는 욕심을 버려야 하는 것입니다. 모든 사람들이 원하는 것을 놓고 경쟁하는 것이 아니라, 누구나 얻을 수 있는 것에서 가치를 찾아내 자신만이 원하는 것이 무엇인지를 스스로가 깨닫는 것입니다. 가장 중요한 것은 '자기 자신의 행복을 창조할 줄 아는' 아이로 기르는 교육입니다.

내가
상상하는 미래

저는 이런 망상을 가지고 있습니다.

이곳은 ○년 후의 일본입니다.

학교에 특수학급은 없습니다. 아이들이 하고 있는 공부는 여러 가지입니다. 6학년 학생들의 교실을 들여다보니 A군은 고등학교 입시 수준의 문제를 풀고 있습니다. 한편 B군은 구구단을 외우고 있습니다. B군은 자신감이 생겼기에 A군에게 "7단 문제 좀 내줘"라고 말합니다. A군이 "좋아. 그럼 7×3은 몇?"이라고 문제를 냈습니다. B군이 "21"이라고 씩씩하게 대답했습니다. 그러자 주위에 있던 C군과 D군이 "정답!"이라며 손뼉을 쳤습니다.

그때 3명 정도의 1학년생들이 6학년 교실로 와서 "B형 있어요?"라고 물었습니다. B군이 "여기 있어"라고 답하자 그 3명이 B군 주위로 모여들었습니다. "저기, 이 문제 좀 가르쳐주세요"라고 말합니다. B군이 가르쳐주기 시작합니다. B군의 설명은 1학년생들이 이해하기 쉽다고 소문이 자자합니다. 잠시 후 "고맙습니다"라고 인사를 한 뒤 1학년생 3명은 교실로 돌아갔습니다.

20년이 흘렀습니다. 장소는 초등학교 과학실입니다. 밤 7시 무렵입니다. 거기에는 어른들이 있습니다. 나이는 제각각입니다. 거기에 어른이 된 B군이 있습니다. B군과 결혼한 D씨도 있습니다. 20년 전에 1학년생이었던 사람들도 있습니다. 30대로 보이는 사람도, 40대로 보이는 사람도, 50대로 보이는 사람도 있습니다. 89세가 된 사람도 있습니다. 각자가 조그만 반찬통 하나씩 안주를 가지고 모여 있습니다. 가져온 맥주를 마시는 사람, 가져온 일본주 한 병을 사람들에게 따라주는 사람도 있습니다. 거기에는 퇴직한 교사와 교장과 여러 연령대의 교사들도 섞여 있습니다. 그 가운데 '당신'과 '당신의 자녀'가 있습니다.

모두가 잡담을 나누며 웃고 있습니다. 자녀에 관한 이야기나 손자에 관한 대화로 떠들썩합니다. "그건 그렇고 닭장이 부서져서 애를 먹고 있어요"라고 한 선생님이 말하자 솜씨 좋은 목수가 된 B군이 "내가 고쳐줄게"라고 말했습니다. 교장선생님이 "고맙네. 이럴 줄 알았으면 옛날에 머리를 조금 더 자주 쓰다듬어줬을 텐데. 하하하하하~"라고 인사를 했습니다. 교장선생님은 B군이 4학년이었을 때의 담임선생님입니다. B군의 자녀는 이 학교에서 공부를 하고 있습니다. 산수는 잘하지 못합니다. 하지만 B군도 자녀도 신경을 쓰지 않습니다. 친구들이 있기 때문입니다.

그때 이런 대화가 시작되었습니다.

"어? 다나카가 없잖아. 녀석이 없으면 흥이 나질 않는데."

"뭐야, 너 아직 모르는 거야? 다나카의 회사 파산했잖아. 갑작스럽게."

"그럼 다나카는?"

"지금 실직 중이야."

"뭐?! 그랬어? ……스즈키, 전에 너희 회사에 일손이 부족하다고 하지 않았어?"

"응, 여러 가지로 힘들어."

"이봐, 스즈키, 들었지? 지금 당장 다나카에게 전화를 걸어."

"알았어."

스즈키가 다나카에게 전화를 겁니다.

"……이봐, 다나카, 섭섭하게 왜 이래~ ……."

이것이 우리의 미래상이라면 정말 멋지지 않습니까? 우리가 살아 있는 동안에 이런 사회를 우리의 눈으로 보고 싶지 않으십니까? 이런 사회를 실현하는 데는 마법도, 눈부신 과학기술도 필요하지 않습니다. 당신이나 당신 학교의 선생님들이 자녀들에게 친구의 소중함을 계속해서 들려주기만 하면 실현 가능한 미래사회입니다.

저는, 그리고 아마도 당신 역시 학교 시험의 점수가 높은 것이 좋다고 생각하고 있을 것입니다. 중졸보다는 고졸이 좋고, 고졸보다는 대졸이 좋다고 생각하고 있습니다. 그리고 실업계 고등학교보다 일반 고등학교가 좋고, 고등학교보다 대학이, 그것도 편차치가 높은 대학이 좋다고 생각하고 있습니다.

그 가치관이 있기 때문에 자녀에게 그것을 요구합니다. 하지만 그것을 고통스럽게 생각하는 아이들도 많습니다. 다시

한 번 말하겠습니다. 도쿄 대학 의학부 · 법학부를 정점으로 하는 단순한 경쟁 레이스에 우리 아이들을 내모는 것을 그만두기로 합시다.

종신고용이 무너질 미래사회는 여러분의 자녀들에게는 '기회'라고도 말할 수 있습니다. 새로운 가치관을 한시라도 빨리, 많은 사람들이 갖는 것이야말로 자녀가, 그리고 당신이 행복해지는 길이라고 생각합니다.

맺음말

교사는
우리 아이의 미래를
책임지지 못합니다

교원양성 계열 대학의 교수로서 안타깝기도 하고 가슴이 아프기도 하지만 저의 충고는 '교사를 믿지 말라'는 것입니다. 이 책에서 이야기한 내용은 필자가 특별한 방법으로 알아낸 데이터를 바탕으로 한 것이 아닙니다. 대부분이 공공기관의 통계로 공개되어 인터넷에서도 쉽게 찾아볼 수 있는 데이터에 바탕을 둔 것입니다. 그런데 그 정도의 사실을 많은 사람들이 모르고 있다는 점이 가장 놀라운 일입니다.

교사는 고등학교나 대학에 진학시키는 노하우는 가지고

있을지 모릅니다. 그러나 대부분의 교사들은 기업의 입사지원서를 써본 적이 없는 분들입니다. 교육공무원인 교사는 지금의 고용환경이 얼마나 가혹한지를 실감한 적이 없습니다. 그렇기 때문에 취직활동까지 고려한 진로지도를 할 수 있는 교사는 그렇게 많지 않습니다. 하물며 30년 뒤, 40년 뒤까지의 사회를 생각해서 진로 지도를 하기란 불가능한 일입니다. 그렇기 때문에 '중졸보다는 고졸, 고졸보다는 대졸. 같은 고등학교, 대학교라면 편차치가 높은 쪽이 취직에 유리하다'고 이미 붕괴되어버린 단순한 규칙에 따라 진로를 지도하고 있습니다. 그리고 고등학교 졸업 때 취직을 하지 못하면 진학을 권합니다. 자기 시대의 '육영회'를 생각하고 학자금 대출을 권합니다.

믿기지 않으시다면 시험 삼아 이 책에 적혀 있는 수준의 내용으로 교사와 대화를 나누어보시기 바랍니다. 고등학교 교사의 90% 이상이 이해하지 못할 것이라 생각합니다. 더러는 말이 통하는 교사도 있을 것입니다. 늘 자료를 수집하고 배우기를 게을리 하지 않는 교사입니다. 만약 얘기가 통한다면 그 교사와 진지하게 상담해보시기 바랍니다. 믿을 수 있을 만한 교사입니다.

하지만 안타깝게도 대부분의 교사들은 종전과 같은 학력

모델로 지도합니다. 우리 아이를 지키고 싶다면 부모님들이 보완을 해주어야 합니다.

그리고 친구의 소중함을 거듭해서 들려주시기 바랍니다. 당신이 이 세상을 떠났을 때 우리 아이를 지켜주는 것은 그 아이의 배우자와 친구들입니다. 이 책에서 다루지 못한 여러 가지 정보는《2020년 격변하는 대학수험!》에서 이야기했습니다. 관심이 있으시면 그것도 읽어보시기 바랍니다.

니시카와 준

옮긴이 _ 박현석

대학에서 국문학을 공부하고, 일본에 유학하여 도쿄일본어학교를 졸업했다. 도쿄 요미우리 이공전문학교에서 수학한 후, 일본 기업에서 직장생활을 했다. 현재는 출판기획, 전문 번역가로 활동 중이다. 주요 번역서로 〈수학적 사고법〉 〈절망의 재판소〉 〈동행이인〉 〈도쿄지검 특수부의 붕괴〉 〈맛없어?〉 〈남자의 건강법〉 〈식탁 위의 심리학〉 〈청춘의 착란〉 등이 있다.

학력의 경제학

1판 1쇄 인쇄 2016년 10월 10일
1판 1쇄 발행 2016년 10월 20일

지은이 니시카와 준
옮긴이 박현석
펴낸곳 도서출판 사과나무
펴낸이 권정자
등록번호 1996년 9월 30일(제11-123)
주소 경기도 고양시 덕양구 충장로 123번길 26, 301-1208

전화 (031) 978-3436
팩스 (031) 978-2835
이메일 bookpd@hanmail.net
트위터 @saganamubook

ISBN 978-89-6726-018-7 03370
* 잘못 만들어진 책은 바꾸어드립니다.
* 책값은 뒤표지에 있습니다.

이 도서의 국립중앙도서관 출판예정도서목록(CIP)은 서지정보유통지원시스템 홈페이지(http://seoji.nl.go.kr)와 국가자료공동목록시스템(http://www.nl.go.kr/kolisnet)에서 이용하실 수 있습니다.(CIP제어번호: CIP2016021603)